KB081461

박
동
완

평
전

민족대표 33인

박동완 평전

무궁화 피는 동산의 민족혼을 찾아서

김삼웅 지음

"역사를 잊은 민족에게 미래는 없다"라는 말이 있습니다.

K-팝, K-드라마, 심지어 K-푸드까지 한류 열풍은 세계적으로 퍼져 나가고 있습니다. 우리나라가 외국인들에게 이토록 알려졌던 적이 있었나 싶을 만큼 어리둥절하면서도 내심 자랑스럽습니다.

약 100여 년 전만 해도 '조용한 아침의 나라'였던 대한민국이 오늘날 문화강국의 대명사가 되었습니다. 지금부터 100여 년이 지난 후 대한민국의 미래를 수식하는 문장은 과연 무엇일지 궁금합니다.

언젠가 잘 지어진 대저택과 허름해 보이는 집을 친일파 후손의 집과 독립운동가 후손의 집이라 각각 소개하면서 "친일파 후손들이 저렇게 열심히 살 동안 독립운동가 후손들은 도대체 뭘 한 걸까. 사실 알고 보면 100년 전에도 소위 친일파들은 열심히 살았던 사람들이고 독립운동가들은 대충 살았던 사람들 아니었을까'라는 글을 본 적이 있습니다.

역사를 모르는 사람의 궤변이라 치부하기엔 너무나도 참담한 심정이 들었습니다. 역사를 왜곡하고 사실마저 부인하며 지금도 독립운동을 폄하하고 심지어 친일을 미화하고 찬양히는 그런 자들이 적지 않다는 사실에 이들이 바로 오늘날의 신新친일파가 아닐까, 하는 생각이 들었습니다. 심지어 논문을 쓰기 위해 관련 자료를 찾다가 들었던 생각이 '조부는 시대에 영합해서 남들처럼 편하게 사시지 왜 이토록 치열하게 사셨을까?'였습니다.

"독립운동을 하면 삼대가 망한다"는 말이 있습니다. 생명을 담보로 독립선언서에 서명한 민족대표 33인은 당시 잘살거나 잘살 수 있었습니다. 하지만 그들은 그러지 않았습니다. 오늘날 친일을 미화하거나 옹호할 때 쓰는 표현이 있습니다. '그때는 그럴 수밖에 없었다. 시대 상황이 어쩔 수 없어서 그랬던 거다. 그때는 친일을 하지 않을 수 없었다. 다들 그랬으니까…'

그러나 그렇게 살지 않았던 분들이 있습니다. 그들이 바로 민족대표 33인이고, 이름 없이 중국 본토에서, 만주에서, 연해주에서, 하와이에서 독립운동에 헌신했던 독립운동가들입니다. 덕분에 독립운동가 후손의 삶은 철저하게 망가지고 기득권을 누릴 수 있었던 상위계급에서 중하위계급으로 몰락하고 말았습니다. 박동완의 후손인 필자 역시 조부 덕분에 학비는 면제받을 수 있었으나 기울어진 집안 형편으로 말미암아 아르바이트로 생활비를 벌며 어렵사리 의과대학을 마칠 수 있었습니다. 지금은 정신건강의학과 전문의로 살고 있습니다만, 상당수의 33인 후손들은 어렵게 살고 있습니다.

친일파들은 적극적으로 일제에 협력한 대가로 당시에도 잘 살았습니다. 지금도 그 후손들은 정계, 재계, 학계, 언론계, 심지어 종교계에서도 기득권을 놓지 않은 채 잘살고 있습니다. 친일파를 폄하하려는 의도는 없습니다. 다만, 독립운동가와 그 후손에 대한 세간의 왜곡된 이미지를 올바르게 알리고 싶을 뿐입니다.

일제 강점기 당시, 암울한 현실 속에서 희망을 놓지 않고 민족의 독립을 위해 한평생을 치열하게 살다 간 박동완의 사상과 생애를 연구한 두 편의 박사학위 논문을 3·1혁명 100주년 기념으로 출판한 적이 있습니다(『근곡 박동완의 생애와 기독교 민족주의 연구』, 정한책방, 2019). 하지만, 후손이 쓴 글이라 오히려 주목받지 못한 감이 있어 아쉬움이 컸습니다.

그러던 차에 우리나라 평전의 대가이신 김삼웅 선생님께서

'박동완 평전'을 흔쾌히 집필하여 주셔서 감사한 마음 이루 헤아릴 수 없습니다. 김삼웅 선생님이 지은 『33인의 약속』은 논문을 작성할 때 많은 도움이 되었습니다.

평상시 존경하던 선생님 댁에 인사차 방문했을 때 안방과 거실을 점령한 책들이 매우 인상적이었습니다. 선생님은 1980년 신군부 세력에 의해 체포되어 옥고를 치를 당시, 모진 고문을 받아 그 후유증으로 인해 니이가 드니 손이 떨리고 몸 여기저기가 시리고 아프다고 하셨습니다. 하지만, 연로한 것과는 별개로 총기가 살아있는 그의 눈빛을 보면서 박동완 조부의 모습이 떠올랐습니다. 중요한 점은 일제의 고문 후유증이 박동완의 사상과 신념을 점령하지 못했던 것처럼, 김삼웅 선생님 육신의 고통이 아무리 클지라도 선생님의 사상과 지식은 사라지지 않는다는 사실입니다.

이제, 잊힌 박동완의 치열한 삶의 행적과 그의 사상이 김삼웅 선생님에 의해 독자들의 마음을 울리고 적셔주기를 기대합니다.

끝으로 이 책을 통해 일제강점기 당시 독립운동을 하다 이름 없이 사라져간 수많은 민초와 독립운동가의 헌신이 있었다는 사실을, 우리는 식민지배나 당할 수밖에 없는 열등한 민족이라 친일은 어쩔 수 없었다는 말이 정당화되지 않기를, 그리고 지금의 K-문화는 저절로 주어진 게 아니라는 사실이 독자 여러분에게 와닿기를 소망합니다.

역·사·를·잊·은·민·족·에·게·미·래·는·없·다

2022. 7.

애국지사 박동완 선열의 장손 박재상 · 장손부 임미선

셈해지지 않는 사람들
─선생의 이름 앞에 붙일 수식어를 찾아서

알제리아 출생의 프랑스 8대학 교수 자크 랑시에르는 "셈해지지 않는 사람들"에 대해 주목했다. 우리말의 '기타'는 "그것 밖의 또 다른 것"을 의미한다. '등等'도 마찬가지다. '등'은 "같은 종류의 사실들이 앞에 열거되어 있음을 나타내는 말"로 풀이된다. 셈해지지 않는 '조연'이나 '기타' 또는 '등'으로 배제된 엑스트라는 슬픈 존재들이다.

존재하지만 실존하지 않는 인물들, 주연 못지않게 많은 역할을 하고도 묻히거나 잊힌 분들이 우리 독립운동사에도 적지 않다. '민족대표 33인'의 경우가 그러하다. 노자의 『도덕경』 58장 마지막 단락에 '광이불요光而不耀'란 대목이 전한다. "빛나되 번쩍이지 않는다"는 뜻이다. 학자나 언론인들은 빛나는 것보다 번쩍이는 사람을 더 찾는 경향이 있다.

근곡懃谷 박동완朴東完, 1885~1941 선생은 민족대표 33인 중 한 분으로 33세에 자진해서 독립선언서에 서명한 분이다. '민족대표 33인'과 연관된 일부 인사들의 변절과, 독립선언 행사를 탑골공원이 아닌 태화관으로 옮긴 것과 관련하여 각종 폄훼가 따르지만, 일제의 무단통치가 극점에 이르던 시기1919년에 독립선언은 곧 생명을 담보하는 결기가 없이는 불가능한 선택이었다. 구한말의 조정대신 등 사회 명사들이 '독립청원'이면 몰라도 '독립선언'에는 참여하지 못하겠다고 발을 뺀 데서도 알 수 있다. 그렇다고 '민족대표'에 아무나 참여하거나 가담시킬 수는 없는 일이었다.

'무궁화 피는 동산'이라는 근곡懃谷의 아호에는 선생의 민족혼이 묻어난다. 일제가 대한제국을 병탄하면서 '대한'이라는 국호와 '무궁화'라는 국화를 사갈시하고 그냥 두지 않았다. 선생은 저들이 가장 싫어하는 무궁화를 아호로 삼을 만큼 강기와 결기가 있었으며 3·1혁명 후 우리가 쓰는 시간은 일본의 표준 시각이기 때문에 그들의 시간에 맞추어 살지 않겠다는 각오로 자신의 손목시계를 항상 30분 늦추어 놓았다고 한다.

기미년 3·1독립선언 후 총독부에 구치되어 재판을 받을 때 일인日本人 검사가 "앞으로도 또 독립운동을 할 것인가?"라는 심문에 선생은 "물론 그렇다"고 결연히 말했다. 생과 사, 투옥과 석방의 갈림길에서 강고한 의지를 밝힌 지사의 면모를 보여주는 대목이다. 선생은 그대로 행했다.

선생은 2년여의 옥고를 치르고 만기 출감된 뒤 일제의 감시와 협박, 회유를 견디면서 1927년 '민족반일당 민족협동전선'의 기치 아래 발족한 신간회 창립과 초창기 운영에 중추적 역할을 했다. 신간회는 일제강점기 국내에서는 최대 민족운동의 대표적 단체로 강령에서 "우리는 조선민족의 정치적·경제적 해방의 실현을 기함"이라고 내세울 만큼 국내에서 공공연히 항일투쟁을 표방한 단체였다.

선생은 3·1혁명에 참여하기 전, 그러니까 국치 이후 10여 년 동안 한글신문 《기독신보》의 편집위원과 서기로서 많은 논설과 사설을 쓰는 등 실질적 주필의 역할을 맡아 수행했다.

병탄과 함께 민족지 《대한매일신보》를 강탈한 일제가 '대한'을 삭제하고 《매일신보》로 개칭하여 어용신문을 발행할 때 《기독신보》는 우리말로 발행된 유일한 신문이었다. 그리고 《신생명》, 《한인기독교보》, 《청년》, 《별건곤》 등 총독부의 간섭이 극심한 매체에 많은 글을 발표했다. 그가 비교적 젊은 나이에, 기독교계의 주류도 아닌 처지에서 민족대표로 선임되어 서명한 것은 기독교 언론인으로서의 위상 때문이었다. 언론인의 신분으로 독립선언에 서명한 유일한 분이다.

선생이 혹독한 탄압과 감시 속에서도 굴하지 않고 민족운동을 계속할 수 있었던 것은 어려서부터 접한 기독교정신에 근거한다. "박동완은 기독교와 민족사의 맞물림과 엇물림의 역사 전환기에 민족운동에 헌신"[박재상·임미선, 『근곡 박동완의 생애와 기독교 민족주의 연구』]할 수 있었던 것이다.

선생은 굴곡진 시대 참담한 조국의 현실 앞에서 돈독한 신앙심과 옹골찬 역사의식으로 주어진 사명을 다했다. 재만 동포들이 만주군벌과 일제의 2중 탄압으로 어려움에 빠지자 유지들과 '재만동포옹호동맹'을 결성하여 현장을 찾아 동포들을 위로하고, 귀국해서는 야만적인 탄압상을 언론에 공개했다.

신간회 활동이 총독부의 탄압과 내부갈등으로 분열상을 보이고 언론활동·신앙운동 역시 극심한 압제의 대상이 되자 선생은 1928년 미국의 하와이로 망명한다. 40이 넘은 나이에 망명을 택한 것은 복합적인 이유가 있었을 것이다. 시국이 갈수록 어려워지자 '민족대표'의 위상을 유지하며 지내기가 쉽지 않았다. 유혹과 압박도 그만큼 많았을 것이다.

또한 「독립선언서」를 썼던 육당 최남선이 자치운동을 주장하면서 일제와 타협하기 시작하고, 1925년 총독부 어용단체인 조선사편수회 편수위원이 되어 식민주의 역사학의 한국사 왜곡에 동참하는 모습을 보는 것이 견디기 어려웠을 것이다. 자신과는 동서지간이었다.

망명 후 박동완은 와히아와 한인기독교회 담임목사로서 목회활동과 《한인기독교보》를 발행하는 한편, 교회 안에 별도의 한글학교를 세우고 우리말 교육을 통해 교포 1세와 2세의 민족의식 고취에 열정을 쏟았다. 하와이는 만주 · 해삼위 ^{러시아령, 극동지} ^{역 일대}에 이어 제3의 독립운동 전진기지가 되었다.

근곡은 활동 공간이 어디든 '민족의 십자가'를 내려놓지 않은 실천적 기독인이었다. 앎과 삶을 일치시키며 늠연(凜然) 한 기상과 고절한 인품으로 힘겨운 골고다를 쉼 없이 걸었다.

그가 활동하던 시기 미주 지역의 독립운동가들은 크게 분열되어 있었다. '동지회'와 '국민회'로 나뉘어 분열상이 심화되자 이를 통합하고 치유하는 데 정성을 아끼지 않았다. 그리고 미처 해방을 맞이하기 전 1941년에 이역에서 56세에 소천한다.

이런 연고로 선생은 업적에 비해 제대로 평가받지 못한 채 '셈해지지 않는' 독립운동가, '기타' '등'으로 배제되고 망각된 33인 민족대표의 일원이 되었다. 근곡 박동완 지사의 이름 앞에 하나의 수식어가 필요하다면 과연 무엇이라 할 것인가? 이를 찾고자 평전을 쓰게 되었다.

차례

1.

출생과 성장기

포천 출생, 서울에서 성장

박동완은 1885년 12월 27일 경기도 포천시 신읍리^{일명 호병}
^굴에서 박형순^{朴馨淳}의 둘째 아들로 태어났다. 그는 함양박씨 지
평공파^{持平公派} 중 판서공파^{判書公派} 26세손으로, 아버지는 통훈
감목관^{通訓監牧官}을 역임하는 등 대대로 양반관료 가문이었다.[1]
통훈벼슬은 정3품 당하관의 품계로 문관·종친·의빈을 맡는
벼슬이다. 형 박동원^{朴東元}은 1894년 식년생원시^{式年生員試}에 합
격했고, 할아버지 박사규^{朴思圭}는 광양현감을 지냈다. 어릴 적 이
름은 고봉^{高峯}이고 민족의식이 움트면서 자호를 근곡이라 지
었다.

사람은 누구라도 자신의 출생을 선택할 수는 없다. 왕자와
거지, 흙수저와 금수저도 다르지 않다. 시대와 공간을 선택할 수
없는 것도 마찬가지다. 어쩌다가 비 오는 날에 태어난 하루살이
도 있지 않은가.

그가 태어난 시기는 격동기였다. 내적으로는 조선왕조의 봉
건체제가 동요하고 외적으로는 제국주의세력이 침투하는 가운
데, 위로부터는 근대적 부르주아 변혁운동이, 아래로부터는 반

---

1 『함양박씨 지평공파 세보』

봉건·반제국주의 변혁운동이 일어났다. 조선왕조 말기 파행적인 세도정치가 이어지면서 상층부는 수구세력과 위정척사세력 그리고 근대적 개화세력으로 갈리고, 하층부 민중들은 천주교 전래와 동학사상의 전파로 점차 각성하기 시작했다. 전국 곳곳에서 민란이 계속되었다.

갑신정변은 박동완이 태어나기 1년 전에 일어났다. 임오군란을 계기로 청나라의 내정간섭이 심해지자 김옥균·박영효·홍영식 등 개화당은 1884년 10월 청국에 의존하려는 척족 중심의 수구당을 몰아내고 실질적인 독립과 개혁정치를 이룩하기 위해 일본공사 다케조에와 밀의한 끝에 일본의 주둔 병력을 빌려 정변을 일으키고 혁신정부를 세우기로 시도했다.

김옥균 등은 고종을 경운궁으로 옮기고 문벌폐지·인민평등·관제개혁 등 혁신정강 14개 항목을 마련했으나 미처 공포도 하기 전에 원세개의 청국 군이 출동하여 창덕궁을 공격하면서 집권은 3일천하로 끝나고 말았다.

같은 해 11월 한성조약이 체결되었다. 갑신정변 와중에 민중이 서울에 있는 일본공사관을 불태우고 일본 거류민을 죽인 것을 빌미로 이노우에 카오루 전권 대사가 2개 대대 병력을 이끌고 한성에 들어와 조약을 강박했다. 조선 측의 사과와 손해배상, 범인처벌, 일본공사관 신축부지 제공과 신축비 지불 등이 담긴 조약이 맺어졌다. 이 조약의 결과로 일본은 조선침략의 기초를 다지게 되었다.

그가 태어나던 해[1885년] 2월 여주민란, 3월 원주민란이 일어나고, 영국극동함대 군함 3척이 거문도를 점령했으며[3월 1일], 황해도 장연에 최초의 개신교 교회인 소래교회가 창립되었다. 나중에 박동완이 근대교육을 접하게 된 배재학당은 미국인 감리교 선교사 아펜젤러에 의해 그가 태어나던 해 8월에 서울에 세워졌다.

이와 같이, 박동완이 성장하던 시절 국내에서는 각종 민란과 특히 1892년 11월 동학교도의 삼례집회에 이어 복합상소[1893년 2월], 보은집회[3월] 그리고 1894년 동학혁명이 발발하면서 일본군이 들어와 동학교도 등 20~30만 명을 학살하는 만행이 자행되었다.

조정에서는 뒤늦게 1894년 6월부터 1896년 1월까지 갑오개혁을 추진하여 연좌제 폐지, 노비제도 및 인신매매 금지, 과부재혼 허용, 남녀조혼 금지 · 과거제 폐지 등이 단행되었다. 그나마 이 같은 개혁조치는 동학혁명 진압을 핑계로 조선에 들어온 일본군이 전주화약 이후 더 이상 주둔의 구실이 없어지자 조선의 내정개혁을 요구하면서 추진됨으로써 민중의 저항에 부딪혔다. 일본이 요구한 개혁은 동학혁명이 제기했던 항목이 대부분이었고, 그나마 토지분배 등 가장 크게 제시된 이슈는 빠졌다.

박동완은 장래 자신은 물론 국가의 운명을 크게 뒤바뀌게 하는 나라 안팎의 크고 작은 사태·사건이 연속되는 시기에 태어났으나 비교적 유복한 어린 시절을 보냈다. 다섯 살 때부터 집안에 독선생을 모셔 한문을 배울 수 있었다.

일찍 개명했던 박동완의 부모는 그가 아홉 살이 되기 이전에 경기도 포천에서 서울로 이사했다. 형 박동원은 1894년에 과거에 급제했으나 갑오개혁으로 과거제가 폐지되어 출셋길이 막히자, 영특한 막내 아들에게는 신식교육을 시키고자 했던 것 같다. 옮긴 서울 주소는 한성부 북방 누각동^{현 종로구 누하동} 214번지였다.

1897년 박동완은 12세의 아직 어린 나이에 부모가 맺어준, 포천의 명문 집안인 현석운^{玄昔運}의 차녀 현미리암과 서울에서 결혼했다. 장인은 종일품 중추원 찬의^{贊議}를 지낸 분이다. 중추원 찬의는 구한국 때 온갖 신문·잡지 등의 보관을 맡아보던 관청인 박문원^{博文院}의 벼슬로서 칙임대우였다. 박동완이 사회에 진출하면서 주로 신문·잡지에서 활동하게 된 것은 이러한 장인의 직업에서 영향을 받았을 것 같다.

갑오개혁에서 조혼제 폐지가 선포되었지만 오랜 관습으로 굳어진 조혼제는 쉽게 사라지지 않았다. 더욱이 정치적 혼란이

극심해짐에 따라 부모들은 후대를 잇고자 하는 바람이 크므로
자제들을 일찍 혼인시켰던 것이다.

기독교와 역사의식 깨우친 배재학당

과거제 폐지는 조선 양반가의 청소년들에게 큰 충격이었다.
입신출세의 공식적인 사다리가 사라져버린 것이다. 그 여파로
곳곳에 신식교육 기관이 들어섰다. 박동완은 한성 참선방 양사
동^{현 서울 종로구 종로 6가}에 세워진 관립 양사동 소학교에 입학했다.
수업연한 3년 과정이었다. 이 학교는 해방 후 효제국민학교로,
1996년에 서울효제초등학교로 교명을 변경했다.

양사동 소학교 심상과를 마친 박동완은 곧이어 관립고등소
학교에 입학했다. 이 학교는 원래 1894년 7월 황실 자녀들에
게 신식교육을 실시하고자 정부에서 세운 황실학교였는데, 이
듬해 4월 한성사범학교가 설립됨에 따라 관립 한성사범학교 부
속학교로 개편되었다. 실제로 고등과가 설치된 학교는 이 학교
밖에 없었기 때문에 1897년 관립고등소학교로 이름을 바꾸어
심상소학교를 졸업한 학생들이 입학할 수 있게 했다. 재학생은
130~150명이고 교과목은 수신 · 독서 · 작문 · 습자 · 산술 ·

본국지리와 역사 · 외국지리와 역사 · 이과 · 도화 및 체전 · 재봉 등을 가르쳤다. 해방 후 서울교동국민학교로 개명했다.

관립고등소학교를 마칠 무렵 신학제에 따른 4년제 관립 한성중학교^{현 경기고등학교}가 종로구 화동에 설립되자 박동완은 여기에 입학했다. 소학교 졸업생을 입학대상으로, 만 17세에서 25세 이내의 학동을 뽑았기 때문이다. 설립 당시에는 85명이었으며, 교과목은 한문 · 국어 · 산술 · 역사 · 지리였다. 박동완은 한성중학교 1년을 마친 후 관립 한성외국어학교 영어과에 입학하여 3년을 수학했다.

그는 1906년 1월 농상공부기수 6품으로 임용되었다. 첫 직장이었다. 그러나 치솟는 학구열로 인해 1년 만에 다니던 직장을 그만두고 22세이던 1907년 다시 배제학당에 입학했다.

이때 접하게 된 기독교는 평생 그의 삶에서 중심축으로 자리 잡게 된다. 이 무렵 익히게 된 영어 덕분에 영자로 된 문학 · 신학뿐만이 아니라 시사잡지를 통해 그의 학식과 국제적 견문은 일취월장하게 된다. 무엇보다 중요한 것은 뒷날《기독신보사》에 근무하게 되면서 일본인의 검열을 거치지 않은 채 들어온 선교사 대상의 신문을 읽을 수 있었다는 점이다. 누구보다 빠르고 쉽게 해외소식을 접할 수 있었던 그는 어느 날, 윌슨의 민족자결주의를 접하게 된다. 이것이 그로 하여금 독립에 대한 강한 염원을 품게 된 계기가 되었다. 그의 유창한 영어실력은 미국망명 시기 독립운동에 크게 활용되었음은 의심할 바가 못 된다.

미국 감리교 선교사 아펜젤러가 세운 배재학당은 1895년 조선정부 외아문과 전 8조의 '배재학당합동'이라는 계약을 체결하여 해마다 조선 정부가 추천하는 학생 200명을 받아들여 가르치게 되었다. 여기서 그는 영어 공부에 열중하는 한편 역사 · 지리 · 산수 · 성경 등 교양과목을 이수했다. 그리고 학당에서 의무화한 아침예배에도 빠지지 않고 참례하여 설교를 들었다.

우리나라 최초의 근대적 중등교육기관으로 개화사상과 기독교정신을 바탕으로 개화 초기 많은 인재를 키워낸 이 학당은 고종이 '배재학당培材學堂'이라는 교명을 지은 뒤 명필 정학교丁學喬에게 현판을 쓰게 하여 아펜젤러에게 전달할 만큼 정부의 관심이 지대했다. 교과목은 만국지지 · 사민필지士民必知 · 위생 · 창가 · 도화 · 체조 등이었고 교과 외에도 서재필 · 윤치호 등이 출강하여 서구민주주의와 의회제도 등을 강의했다.

교훈에 해당하는 당훈堂訓은 성경구절을 한역한 '욕위대자 당위인역欲爲大者當爲人役'으로 풀이하면, "크고자 하거든 남을 섬기라"는 뜻이다. 이것은 바로 위대한 사람일수록 이웃을 섬기라는 기독교 정신이다.

박동완은 청소년기에 근대 서구적인 기초학문을 배운 1세대에 속한다. 나라가 어지러워가는 속에서도 전통적인 관리 선발 제도이던 과거제가 없어지면서 신식교육기관이 설립되고 경제적으로 여유가 있었던 부모의 덕으로 소년기를 온전히 학구에 바칠 수 있었다.

무엇보다 배재학당에 들어간 것은 박동완이 기독교를 받아들이는 결정적인 계기가 되었다. 기독교를 배우고 세례를 받았으며 비록 외국인이 세운 학당이지만 그곳에서 기울어가는 나라를 걱정하는 역사의식을 일깨우게 된 것이다.

배재학당이 이처럼 근대화와 민족운동의 요람이 될 수 있었던 것은 배재학당을 설립, 운영한 감리교 선교부와 초대 학당장 아펜젤러를 비롯한 선교사 교사들의 헌신적인 교육활동이 있었기에 가능했다. 아펜젤러를 비롯해 배재에서 교육을 담당했던 선교사와 내외국인 교사들은 배재학당을 단순히 서구학문과 지식, 기술만을 가르치는 곳이 아니라 이런 지식과 학문, 기술과 정신의 밑바탕이 되는 기독교 신앙을 체득하는 선교의 장이 되기를 바랐다. 배재학당은 출발부터 "크고자 하는 자는 반드시 남을 섬기는 자가 되어야 한다"는 그리스도의 가르침을 배운 배재 학생들이 사회에 나가 그것을 실천함으로 자유와 평등, 정의와 평화가 구현된 민족공동체와 인류세계, 즉 '하나님의 나라'天國를 이 땅에 건설하는 것으로 건학이념과 목표를 삼았다.

따라서 기독교신앙과 선교정신을 빼놓고 배재학당의 역사와 문화를 이야기할 수 없다. '기독 배재'^{Christian Pai Chai} 전통은 그렇게 해서 이루어졌다.[2]

---

2 이덕주, 『배재학당사(通史)』, 머리말, 학교법인 배재학당, 2013.

2.

기독교 민족주의자가 되다

一
연수히 피여 샹밧던
붉은꽃도 가는비 부눈동풍
소졍업시 부듸처 니르닛가
불파 얼풀다 못되여
분슈히 ᄲᅵ러 젓고나
붓지 말아

二
솔노문의 영화로도
돌에핀 빅합꽃만 못ᄒ엿고
꼴니옷의 조당ᄒ던 요잉도
다윗의 몬민돌 ᄒ나로
쳐이거여 멸힛도다
조곰 말아

三
부유굿흔 인싱으로
이세샹을 춘몽속에 보내여
산구룸파 흐로눈 뭇굿혼
세샹에 춤긱히 쉬ᄒ야
셔지못ᄒ눈 인싱 둘아
룩덕ᄒ다

四
검은 구룸이 아모리
쌁은히빗슬 가리운 자라도
팡뭉이 니러나 밍렬히 놀면
검은구룸 옷기 가고

五
뉵졍이 비록 닝긍ᄒ용
유츙ᄒ야 허물게 ᄒ지나
셩신이 쌁옷기시 입ᄒ샤
마음을 씨서 기케ᄒᆞᄂᆞ면
닥심 밧아

상투 자르고 양복 입고 면학

박동완이 열심히 공부하면서 성장하고 있을 즈음 나라의 사정은 점점 어려워져갔다. 주요 사건을 살펴보자.

1896년, 아관파천, 《독립신문》 창간, 독립협회 설립, 1897년, 대한제국으로 국호변경, 1998년, 흥선대원군 사망, 보부상들 황국협회 설립, 만민공동회 개최, 독립협회 열강의 이권침탈 철회 주장, 1899년, 영학당 활동, 1890년, 활빈당 활동, 1901년 제주에서 이재수의 난 발발, 1902년, 서울-인천 간 전화개통, 1902년, 제1차 하와이 이민, 1903년, 용암포사건 발생, 목포 부두 노동자 동맹파업, 1904년, 한일의정서 체결, 송병준·이용구 등 일진회 조직, 1905년, 을사늑약 체결, 시종무관장 민영환 을사늑약 반대하며 자결, 1906년, 서울에 조선통감부 설치, 의병장 최익현 등 일제에 피체, 1907년, 국채보상운동, 나철 등 을사오적 습격, 고종 폐위되고 순종 즉위, 한일신협약 체결, 정미의병 활동, 신민회 설립, 13도 창의군 결성 등이다.

이러한 격변 속에, 앞서 밝힌 바와 같이 박동완은 1907년 22세에 배재학당에 들어가 근대교육을 받으면서 민족의식과 기독교 정신을 수용했다.

배재의 전도대상은 학교에 다니고 있는 학생 당사자들뿐만이 아니라 그들의 부모까지도 포함되었으며 세례식을 일종의 전도의 장으로 삼았다. 성경을 정규과목으로 편성함으로써 배재학당 학생이라면 누구나 예외 없이 기독교 교리와 원리를 배우게 된다. 배재의 교사나 학생들은 믿지 않는 학생들이 그리스도를 자신들의 구세주로 받아들이도록 하기 위하여 특별히 노력하였다. 따라서 배재에 입학한 박동완도 이러한 환경에 쉽게 노출되어 자연스럽게 기독교 신앙을 받아들였을 것이다. 그리고 최병헌 목사의 세례 준비반에서 교육을 받고 회심했을 가능성이 있다.[3]

박동완은 23세이던 1908년 장로목사 존스 G. H. Johns, 조원시 趙元時 , 1867~1919 로부터 세례를 받았다. 1907년 존스 장로목사가 전면에 나서고 최병헌 목사가 도와서 감리교단인 정동제일교회에서 세례식이 행해진 것으로 보인다. 토착인 목사 최병헌을 배려하면서 공식적으로는 선교사 목사가 집례 하는 형식이었다.

최병헌 목사는 한국인으로서는 최초로 1908년 3월 연회에서 정동제일교회 담임목사로 파송되었다. 따라서 박동완이 세례

---

3 임미선, 「민족대표 근곡 박동완의 생애와 기독교민족주의 연구」, 30쪽, 2017. 이후 「임미선의 박사학위논문」으로 표기.

를 받을 당시에도 존스 장로목사가 집례하고 최병헌 목사가 보조했을 것이다. 박동완의 개종 시기나 경위는 명확하지 않다. 이에 대한 기록이 전무하기 때문이다. 하지만, 이후 그가 남긴 여러 글에서 그는 그리스도의 주되심과 하나님에 대한 절대 신앙을 명백하게 밝히고 있다.

박동완의 회심은 아마도 배재학당 재학 중에 이루어졌을 것이다. 그는 배재학당의 채플과도 같은 정동제일교회에 출석했다. 따라서 정동제일교회에서 세례를 받은 것은 당연한 수순이었다. 1928년 하와이로 망명하기까지 정동제일교회에만 출석했다.[4]

전통적인 유학자의 가문에서 신교육을 받고 미국인 목사로부터 세례를 받은 박동완은 이후 나라를 사랑하는 실천적 기독교인으로 살았다. 배재학생이 되어 상투를 자르고 양복을 입었다. 아버지 세대와는 확연히 달라진 의식이고 모습이었다. 조정은 1895년 백성들에게 머리를 짧게 깎으라는 단발령을 내리고, 관리들이 거리나 성문에서 가위로 머리를 강제로 깎기도 했다. 백성들은 을미사변으로 일본에 대한 감정이 극도로 좋지 않던 차에 친일내각이라는 소리를 듣던 정부가 전통과 윤리감정

---

4   박재상·임미선, 『근곡 박동완의 생애와 기독교민족주의연구』, 46쪽, 정한책방, 1919.

을 거스르는 이와 같은 조처를 취하자 강하게 저항했다. 이는 을미의병의 한 요인이 되기도 했다. 하지만 그는 자발적으로 단발을 단행한 것이다.

박동완은 전통적인 조선인에서 근대적인 한국인으로 의식과 외양이 바뀌었다. "근대화와 국권회복을 위해 배재학당에 들어간 박동완은 당시 학교상황에 따라 자연스럽게 회심에 이르게 되고 이를 통해 유교적 전통을 벗었으리라 생각된다. 그의 생전 모습이 담긴 사진은 몇 장 남아있지 않지만 모두가 서양식 단발과 양복차림이다. 양반관료 계급이 연상되는 상투와 한복차림이 아니다. 아마도 배재학당 시절에 이러한 머리모양과 서양식 복장으로 바뀌었으리라 보인다."[5]

우리는 박동완의 당시 심경을 다음의 글을 통해 유추해 볼 수 있다.

1897년 7월 8일에 방학식을 거행하였는데 그 장면은 우리 학교 역사상 최고 수준(high water-mark)을 보여주는 것이었다. 새 예배당 건축도 마무리되어 사용하는 데 부족함이 없었다. 클리블랜드 대통령이 베네수엘라에 대해 언급하자 미국 사회에 회오리바람이

5   임미선, 앞의 학위논문, 32쪽.

일어났듯이 그 규모는 작았지만 이곳 배재 학생들도 그동안 애지중지하던 상투를 자르고 한복을 벗어야 함을 알고는 슬픔과 충격에 휩싸였다.

그러나 오래지 않아 새로운 배재 교복을 입은 학생들이 늘어났다. 충격에서 벗어나 새로운 교복에 적응한 학생들은 새로운 열정을 발산하기 시작했는데 방학식에서 그 열정은 최고점에 달했다.[6]

박동완은 세례 교인이 되었다. 그에게 1908년 세례를 베푼 존스 목사는 어떤 인물인가. 존스 장로목사는 미국 뉴욕에서 태어났다. 대학입학 준비 중에 1887년 선교사로 지원했다. 그는 1888년에 조선 선교사로 파송 받아 같은 해 5월 17일 21세에 조선에 입국했다. 존스 장로목사는 최병헌 목사에게 기독교신앙을 전수했고, 최병헌 목사는 존스 장로목사에게 조선어와 조선에 대한 여러 가지 지식을 가르쳐주었다. 존스 목사는 배재학당 교사를 역임했고, 아펜젤러가 안식년으로 자리를 비운 1892년 7월부터 1년간 배재학당 당장으로 일했다.

또한 그는 제물포지방 감리사로 1892년부터 1903년까지 있었으며, 황성기독교 청년회가 1903년 설립되는 데 공헌했다.

---

6 「배재학당의 방학」, 『조선그리스도인회보』, 1897년 7월 14일.

1907년부터 1911년까지 협성신학교 교장으로 재직하기도 했다. 한국 감리교 선교 초기에 아펜젤러가 씨를 뿌렸다면, 존스는 물을 주어 자라게 했다고 말할 수 있을 정도로 크게 공헌했다.[7]

현순 · 손정도 · 이필주 목사 만나

사람은 언제 어디서 누구와 만나고 어떤 영향을 받느냐에 따라 일생의 목표와 방향이 정해지거나 달라지는 경우가 적지 않다. 박동완은 배재학당에서 '민족주의계열 기독교인들'을 만났다. 하나같이 향후 민족운동과 독립운동에 크게 기여한 분들이다.

박동완은 배재학당 시절 정동제일교회에 나가면서 현순 목사와 손정도 목사, 이필주 목사를 만났다. 이들은 1910년대 정동제일교회를 이끌었다. 뒤에 자세히 소개하겠지만, 이필주 목사와 기미년 독립선언에 서명하고 함께 옥고를 겪었다. 현순 · 손정도 목사는 상하이 대한민국 임시정부의 요인이 되었고 이후 박동완은 그들과 은밀히 관계를 유지했다.

정동제일교회와 배재학당에서 박동완에게 영향을 준 목회

---

7   오영교, 『정동제일교회 125년사 제1권 통사편』; 박재상 · 임미선, 앞의 책, 48쪽, 재인용.

자는 존스[1867-1919] 장로목사, 최병헌[1858-1927] 제2대 담임목사[1903년 5월-1914년 6월 시무], 현순[1879-1968] 제3대 담임목사[1914년 6월-1915년 3월 시무], 손정도[1882-1931] 제4대 담임목사[1915년 4월-1918년 5월 시무]. 이필주[1869-1942] 제5대 담임목사[1918년 6월-1919년 2월 시무]를 들 수 있다.[8]

서울에 조선통감부를 설치한 일제는 1909년 2월 출판법을 공포하여 사전검열로 배일 출판물을 압수하고, 7월 기유각서를 통해 사법권을 강탈한 데 이어 9월부터 일본군의 대대적인 의병 학살 작전을 벌였다. 10월 하얼빈에서 안중근 의사가 이토 히로부미를 처단했다. 운명의 해인 1910년 6월, 일제는 한국경찰권을 박탈하면서 일본 헌병이 한국치안을 장악하고, 8월 29일 병탄조약으로 대한제국은 일제의 식민지로 전락했다.

10월 1일 초대 총독 데라우치 마사다케가 부임하여 일제의 무단통치를 시행하면서, 한국인에게 공포감을 주고자 매국노 이완용을 암살하려다 미수에 그친 이재명 의사를 이날 처형했다.

10월에는 구한국 왕족 · 고관 · 매국노 76명에게 일본작위와 전국의 대표적인 유생들에게 거액의 은사금을 주었다. 1911년 조선총독부는 신민회사건을 조작하여 이승훈 등 600여 명을

---

8 오영교, 앞의 책, 제3권 자료 편, 473-6쪽.

검거하는 등 민족운동을 탄압했다. 박동완은 25세 때에 배재학당 학생 신분으로 망국의 치욕을 지켜보았다.

배재학당도 평온할 리 없었다. 1912년 말에 배재학당 대학부가 폐쇄되었다. 박동완은 배재고등학당에서 수학하고 1909년 10월이나 이듬해 10월^{추정}에 배재학당 대학부에 입학했으나 일제의 폐쇄조치로 졸업을 하지 못하고 말았다.

박동완의 고난에 찬 생애에서 그나마 가장 행복했을 시절을 찾는다면 배재학당에 다니면서 정동제일교회에서 현순·손정도·이필주 목사의 우국충정의 설교를 듣고 이들과 사귀면서 나랏일을 도모하던 때가 아닐까 싶다.

한국인 교역자들은 전인적인 인간 구원을 향한 선교의 일환으로 민족의 위기를 극복하고 독립과 민족해방을 이루려는 민족운동을 전개하려 했다. 이들은 성직자의 본분을 지키면서도 민족문제를 한 시도 놓치지 않았다. 물론 일제에 합병되기 이전 독립적인 국가의 위상을 알고 있었고, 따라서 국권 회복을 염원하는 논리를 지니고 있었다. 이는 '충군애국'의 유교적 실천윤리가 아직도 이들의 의식과 사상 체계의 심저에 흐르고 있음을 보여주었다.

정동교회의 현순 목사와 손정도 목사 그리고 이필주 목사가 그 대표적인 인물이다. 이들에 의해 지도된 정동교회는 그야

말로 신앙과 민족사랑을 일치시키려는 경향을 보여준다. 현순은 하와이에서 이민 간 동포들의 고난에 동참하며 그들을 돌보는 목회 생활을 했고, 손정도는 만주에서 생활하는 이주동포들의 고난에 동참하면서 나라 잃은 한민족의 슬픔을 극복하기 위한 민족체험을 가졌다. 한말 군인이었던 이필주는 외세의 침탈과 봉건 모순이 반영된 조선 백성들의 상황을 직접 목도하면서 민족체험을 하기에 이르렀다.

이들은 철저히 국권회복을 염두에 둔 책임 있는 교역자, 지식인으로서의 사명을 다하고자 했다. 이것이 1910년대 정동교회의 민족운동을 이끌어간 교역자들의 논리가 되었다.[9]

이러한 정동제일교회 교역자들의 신앙에 기반한 국권회복과 민족의식은 박동완에게 고스란히 전수되었다. 이는 다시 1919년 이전부터 주일학교 사역에 깊이 관여하고 있던 박동완을 통해 정동제일교회에 다니고 있던 유관순에게 영향을 끼쳤을 것이다. 오늘날 3·1 독립운동하면 가장 먼저 떠오르는 인물인 유관순은 당시 정동제일교회 주일학교 학생으로 출석하고 있었는데 주일학교에서 직접 학생들을 가르치던 박동완에게 영향을 받았다는 것은 의심의 여지가 없다. 유관순은 박동완으로부터

----

9 오영교, 앞의 책 제1권 통사편, 249; 임미선, 앞의 학위논문, 31쪽, 재인용.

신앙에 기반 한 민족주의 교육을 받았으며 일제의 치하에서 독립할 수 있다는 신념을 갖게 되었다고 볼 수 있다. 교회학교 교육에 혼신의 힘을 쏟았던 박동완은 특히, 1923년에 여름성경학교를 국내 최초로 개최하기도 했다. 이를 계기로 여름성경학교가 국내에서 교회의 전통으로 자리 잡게 된 것이다.

보성전문학교에서 법률공부

한말 내장원경이던 이용익은 1882년 임오군란으로 명성황후가 경기도 장호원에 은신했을 때 고종과의 사이에 연락을 잘한 공로로 왕의 신임을 받아 탁지부대신에 올랐다.

그는 민영환·이상재 등과 개화당을 조직한 데 이어 친러파의 수령으로 활동하고, 한일의정서 조인에 반대하다가 일본으로 납치되고, 1905년 귀국할 때 들여온 인쇄기로 보성사 인쇄소를 차리면서 보성학원을 설립했다. 1905년 을사늑약에 반대하다가 한때 일본헌병대에 연금당했다가 풀려나 러시아 블라디보스토크로 망명, 1907년 그곳에서 사망했다. 페테르부르크에서 암살당했다는 설도 전한다.

보성학원은 이용익의 망명으로 손자 이종호가 잠시 맡았으나 그 역시 해외로 망명하면서 심각한 경영 위기에 빠졌다. 보성학원의 설립자는 이용익이나 보호자는 고종이었다. 일제가 1906년 이상설·이준·이위종 등 헤이그특사 사건을 빌미로 고종을 퇴위시키면서 보성학원에 대한 지원도 끊겼다. 주인이 없는 보성학원을 이끌고 있던 윤익선이 손병희를 찾아가 지원을 간청했다.

손병희는 어떤 일이 있어도 명문 보성학원의 문을 닫게 해서는 안 된다고 생각하고, 1907년 12월 21일 보성학원을 천도교에서 인수했다. 막대한 부채를 안고 인수한 것이지만 보성전문 학생 중에는 특정 종교재단이 인수하는 것을 반대하기도 했다. 이에 대해 손병희는 학교에서 일체의 종교적 색채를 강요하지 말 것을 담당자들에게 각별히 당부했다. 그때 손병희가 보성학원을 인수하지 않았다면 오늘의 고려대학교는 존재하지 않았을 것이다. 해방 후 고려대학교는 교정 한 구석에 손병희의 동상을 세웠다.

박동완이 입학하기 전 배재학당은 학생들의 자치기구로서 협성회協誠會를 조직했다. 미국에서 돌아온 서재필의 강의에 자극을 받은 제자들이 중심이 되어, 1898년에는 회원이 300명까지 늘었다고 한다.

초기회장은 양흥국, 부회장은 노병선, 서기는 이승만이었으며, 그 뒤 이익채 · 유영석 · 이승만 · 한치유 등이 돌아가며 회장을 맡았다. 회원들은 자주 토론회를 열었다. 토론회 주제는 자주독립 · 자유민권 · 자강개혁 등이었다. 50여 차례에 걸쳐 진행된 토론회에는 일반 시민도 많은 관심을 갖고 참여하고 다른 사회단체와 지방에도 영향을 끼쳐 토론이 대중화 · 다양화되는 계기가 되었다. 협성회는 토론의 내용을 홍보하기 위해 기관지《협성회보》를 발행했다.

서재필^{1866~1951}은 18세에 과거에 장원급제하고, 국비로 일본 도쿄 육군유년학교에 입학하여 이듬해 졸업했다. 다시 조선으로 돌아와 고종에게 사관학교 설립을 진언하며 조련국 사관장이 되었다. 20세 때 김옥균 · 홍영식이 일으킨 갑신정변에 참여해 정부를 전복시켰으나 3일천하로 끝나면서 일본을 거쳐 미국으로 망명하게 된다.

가족은 역적으로 몰려 부모, 형, 부인은 자결하고 동생은 참형 당했으며, 2세 된 아들은 굶어 죽었다. 미국에 귀화한 서재필은 워싱턴대학교 의과대학에 입학하고, 졸업 후 세균학을 연구하여 박사학위를 받았다. 1894년 갑오개혁 때 귀국하여 독립협회를 창립했다. 1896년에는《독립신문》을 창간하는 등 개화 · 개혁의 선각자 역할을 하고, 배재학당에서 변화된 서양사 등을 강의했다.

협성회는 1888년 4월부터 주간으로 《협성회회보》를 발행했다. 배재학당 구내에서 발행되던 이 회보는 1889년 3월 19일 주간에서 일간으로 늘리면서 제호를 《매일신문》으로 개제했다. 우리나라 최초의 일간신문이 되었다. 발행부수는 1천여 부 내외였다.

순한글체의 언문일치 문장을 사용함으로써 회원은 물론 백성들의 사랑을 받았다. 1898년 5월 15일자 1면에 러시아와 프랑스 양국이 대한제국 정부에 토지와 탄광 등의 이권을 요구해온 외교문서를 폭로하는 등 시종 민족주의적인 내용으로 일관했다. 경영난이 겹쳐 1899년 4월 4일자^{제279호}를 종간호로 문을 닫았다.

박동완이 입학했을 때는 이미 사라진 신문이었지만, 학당에는 선배들이 심혈을 기울여 만든 신문이 보관되고 있었으며, 이와 관련된 많은 사연이 전해졌다. 그가 사회활동에 나서면서 신문·잡지 일을 택한 것은 장인의 직업과 배재학당의 선배들이 만들었던 《협성회회보》에 이은 《매일신문》의 영향에서 비롯되었음을 알게 된다.

3.

'기독신보'에서 왕성한 집필활동

一
연々히 미여 샹밧던
붉은쏫도 가는비 부는동문
수졍업시 부되쳐 니르닛가
불과 열흘다 못되여
분々히 쎄러 짓고나
붓지 말아

二
솔노문의 영화 로도
돌에 뛴 빈쏫만 못홍엇고
쏠니앗의 쟝창던 용밉도
다윗의 몰민돌 ㅎ나로
쳐이기여 멀힛노다
즁군 말아

三
부유ㅈ혼 인싱 으로
이세샹을 한동속에 보내여
쓴구뭄파 흐로눈 물ㅈ혼
세ㅅ소에 츠긴히 쉬ㅎㅎ야
셔지못ㅎ는 인싱돌아
독먹 ㅎ다

四
김은 구돔이 아모리
ㅂ운히빗슬 가리운 쟈라도
쌍문이 니러나 핑렬히 불면
김운구름 쏫거 가고
ㅂ운히빗 다시 온다
탁심 말아

五
육졍이 비록 딩흉윤
유혹호야 쌔뭄게 홍지나노
셩션아 쌍쑷꿋지 밉ㄴ사
ㅁ음율 씨셔 ㅎ케ㅎㄴ

'기독신보' 참여, 창간사 집필

박동완의 학구열은 멈추지 않았다. 국치를 겪으면서 위정자들의 행태와 이른바 사회지도층 인사들의 처신을 지켜보았다. 그리고 국민이 근대적인 지식으로 무장해야 국권을 회복할 수 있다는 신념이 더욱 강해졌다.

배재학당 대학부가 폐쇄되면서 1913년 보성전문학교에 입학하여 1~2년간 법률을 공부했다. 그리고 졸업과 함께 1915년 정동제일교회 본처전도사^{Local Preacher} 로 일하고,《기독신보^{基督申報}》창간에 참여했다.

이즈음 그의 나이 어느덧 만 30세가 되었다. 나라의 사정은 총독의 무단통치가 한국인의 숨통을 조이고 옴짝달싹 못 하게 만들었다. 박동완은 1915년의 시점, 30의 나이에 자신이 서야 할 위치를 신중하게 생각했다. 그동안 배운 학식, 특히 영어와 법률지식으로 괜찮은 일자리를 얼마든지 찾을 수 있었다.

하지만 그는 망설이지 않고 기독신보사를 택했다. 한국의 혹독한 현실에서 자신을 지키며 기독인으로서 국민을 계도하는 일터라고 믿은 것이다. 그동안의 신앙생활과 배운 학식으로 충분히 해낼 수 있을 것이란 판단에서였다.

《기독신보》는 1915년 12월 8일 편집인은 감리교선교사

기의남^{奇義男}, 발행인은 예수교서회 총무였던 반우거^{班禹巨 G. W.}
^{Bonwick}의 명의로 조선야소교서회 안에 사무소를 차리고 창간
했다. 체재는 소형 6면 5단으로 매주 수요일 발행하는 주간지였
다. 요금은 1장 3전, 6개월 60전이다.

그는 창간에 참여하여 논설기자 · 주필 등에 이어 편집인이
되었다. "처음에는 편집인 기의남 · 발행인 반우거로, 다음에는
사장 하이영, 편집인 조상옥, 발행인 반우거로, 그다음에는 사상
겸 발행인 허엽, 편집인 박동완으로 교체…."[10]

《기독신보》는 당시 유일한 순한글 신문이었다. 박동완이 쓴
창간사의 주요 대목이다. (현대문 정리 - 저자)

종교계로 말하면 교회를 설립한 지가 날이 많지 못한 교파에서
는 신문이며 월보며 잡지도 몇 종류를 발간하여 전도의 방침과 통신
의 기관을 이용하되 오직 우리 그리스도교회는 전도한지 수삼십 광
음을 지나온 지 오늘날에 이르니 감리 장로 두 교회에 조선인 목사
가 수백 명에 달하고 신도 수십만이 될지라도 아직까지 교회통신격
신문이 완전치 못한 것이 어찌 심히 지탄할 바 아니리오.

10   윤춘병, 『한국기독교신문 · 잡지 100년사(1885~1945)』, 116쪽, 대한기독교출판사,
1984.

아주 없는 것은 아니라 있기는 있지만 구인과 형편의 곤란으로 인하여 발전되지 못한 것인데 그 이유를 들어 말하면 간략한 힘과 미개한 방침을 각기 자치제도로만 쓰고 공동연합하지 못한 일이니 아무 일이든지 살펴본 후에 경험이 생기고 진보할 시 방략이 나는 것은 고금의 통상 이치로다.

감리 장로 두 교회가 연합하여 한 신문을 출판하기를 협동하여 신문 명칭은 기독신보라 하고 사무소는 경성 종로 조선예수교 서회상 안에 부설하고 주무와 편집을 상당히 계획하여 광고로 배달하니 각 지방과 해외에 계신 사랑하는 형제자매 제씨들은 어디서든지 찬성하시며 신면목으로 환영 구독하시기를 믿고 바라는 바 올시다.

신보의 내용 사설과 감리 장로 두 교회의 확실한 통신과 주일학교에서 배울 긴요하고 참고할 만한 설명과 동서양 유명한 격언과 합당한 광고와 아름다운 기사와 종교소설 등이 몇 가지 종류인데 기사에서는 언한문(諺漢文) 난을 두고 고명한 학자 제씨들의 그리스도교 종교에 터를 삼고 글 지은 것을 환영하오며 유명한 강사와 성경 연구한 오묘한 방법을 몇 호에 얼마씩 내어 믿음의 활동력을 배양하기로 힘써 주의하오며 농업에 대하여 필요한 설명을 함과 더불어 생활문제에 큰 도움이 되게 하겠나이다.

정치상에 관계되는 말이든지 누구를 막론하는 평담이든지 누구를 논박하는 것과 논봉(論鋒)이든지 이것 같은 몇 가지에 대해서는 결단코 붓을 나리지 않기로 작정하고 예수그리스도의 산상보훈하신 여덟 가지 복과 사도바울의 서신 중에 성신의 아홉 가지 의미를 터와 제목의 요의로 삼고 본보 편집 책임에 최선을 다하겠나이다.[11]

　박동완은 기독신보사에서 주필 · 편집인 등을 역임하면서 1919년 3 · 1혁명에 참여하여 구속되기 직전까지, 그리고 출감한 이후에 다양한 장르의 글을 여러 필명으로 집필했다.

　《기독신보》는 일제에 의한 무단통치 시절 한글로 발행된 신문이 전무하던 끝에 1915년 창간된 유일한 한글신문이었다. 박동완은 기독신보사에 입사해서 민족대표 33인으로 감옥에 수감되기 직전까지 실질적 주필 겸 편집인으로 활동했다.

　박동완은 자신의 사상과 감정을 언론에 활발하게 풀어내었다. 그는 기독신보사 재직 당시 다양한 장르의 글을 여러 필명으로 게재했다. 특히 주일학교는 그가 애정을 가지고 직접 관여했던 교회기관으로《기독신보》에는 "주일학교"라는 고정란이 별도로 마련되어 있어 이곳을 통해 자신의 글을 연재하기도 했다. 또한《주일학계》라는 잡지를 통해서도 적극적으로 자신의 생각을

11　앞의 책, 116~117쪽.

표출했다.[12]

나라 빼앗긴 조선의 사회상

1910년대 이 땅의 백성들은 정신적인 공황에 빠져들었다. 무능하고 부패한 왕조이지만 그래도 제 나라의 군주이고 왕조였다. 임진왜란으로 무수한 인명이 살상되고 국토가 쑥대밭이 되었지만 임금이 있었고 나라는 존재했다. 병자호란으로 삼전도의 굴욕을 겪었으나 군주는 있었고 강역은 우리 것이었다. 박동완이 신앙생활과 《기독신보》 등 종교매체에 열정을 바치게 되는, 1910년대 조선사회의 실상을 알아본다.

경술국망은 4천년 역사에서 초유의 사태였다. 군주가 살아 있지만 허수아비였고 나라 이름조차 빼앗겼다. 일제는 합방과 더불어 토지 수탈작업에 착수했다.

조선총독부는 1912년 8월 30일 제령制令 제2호로 토지조사령을 발표하여 전국적인 토지조사사업을 벌였다. 토지조사령 제4조는 "토지 소유자는 조선총독이 지정하는 기간 내에 그 토

---

12 박재상, 임미선, 앞의 책, 52쪽.

지의 사위경계에 지목자 번호, 씨명 등을 기입한 표목標木을 수립해야 한다."라고 했다. 즉, 길이 4척 이하의 말뚝에 군, 면, 리, 평坪, 자호字號, 지번, 지목, 두락수, 결수結數, 소유자, 관리자, 소작인의 주소와 성명을 기재한 다음 그 말뚝을 1척 이상 땅속에 박도록 한 것이다.

조선에서는 오래전부터 토지 거래나 소작 관계를 특별히 문서로 하는 경우가 드물었다. 당사자가 구두로 야정하고 마을에서 이를 인정하면 되는 불문율이 있었다. 그런데 총독부의 조치는 농민들에게는 생소한 일이었고, 관보에나 실린 토지조사령의 내용을 아는 농민은 그리 많지 않았다. 이러한 상황에서 일제 관리들은 욕심나는 땅이거나, 소유주가 서류상으로 불명한 토지와 임야 하천부지는 총독부 소유의 말뚝을 깎아서 박았다. 이렇게 하여 빼앗은 땅이 전국적으로 수천만 평이나 되었다. 농민들은 옛날의 관례만 믿고 있다가 하루아침에 땅을 빼앗긴 경우가 수두룩했다.

조선총독부의 토지조사사업으로 조선 농민의 대부분이 토지의 소유권은 물론 소작권을 상실한 채 반봉건적인 악덕 지주와 친일파, 일본인 지주의 소작농이 되거나 유민이 되었고 임금노동자로 전락했다. 그리고 소작농들은 고율의 소작료와 각종 세금으로 이중 삼중의 수탈을 당해야만 했다.

제국주의자들의 식민통치 방식에는 여러 종류가 있었다. 군사력과 자본을 투입하는 것은 상식적이고, 종교는 물론 심지어 아편, 창기, 유곽까지도 이용했다. 영국은 중국에 식민지를 개척할 때에 주로 아편을 이용하다가 아편전쟁을 일으키기도 했다. 일제는 조선 식민정책으로 아편과 창기, 매춘을 통해서 조선 청년들의 심신을 파멸시키려고 했다.

일제가 조선에서 아편을 유통시키고 대량의 아편 중독자를 만들어내는 데는 중국인들의 역할이 필요했다. 영국과 중국의 아편전쟁 과정을 지켜보아 온 일제는 영국과는 달리 지극히 노회한 수법으로 조선에 아편을 보급시켰다. 중국인들을 통해 조선에서 아편을 판매하고 유통시키도록 한 것이다.

조선총독부는 전국 각 도시에 중국인들이 백주에 공공연히 판매하는 아편흡수기를 방임할 뿐만 아니라, 아편 수입으로 인한 재화의 해외 유출을 우려하여 국내에서 양귀비의 재배를 묵인, 장려했다. 아편이 인체에 치명적인 화를 초래한다는 사실을 알면서도 조선인들은 총독부의 묵인 하에 아편을 피우거나 주사용기를 통해 주입하는 사람이 늘어나고 이것은 크게 전파되었다.

당시 조선인들은 나라를 잃은 아픔에다 계속되는 일제의 수탈과 탄압, 직장이라 해도 급료가 일본인에 비해 4분의 1 이하인 차별대우 때문에 극심한 좌절과 상심에 빠져 있었다. 이러한 처지에서 아편을 통해 순간적인 향락으로 자포자기에 빠져 아편 상습 중독자가 급속히 확산되었다.

또한 총독부는 조선인들의 심신을 파괴하고 도덕적으로 타락시키고자 창기와 유곽을 적극 권장했다. 창기란 우리 전통적인 기생과는 달리 갈보, 매춘부, 매소부, 창부, 창녀, 매음녀, 논다니 등을 포괄하는 명칭으로 해석되는 매춘을 전업으로 하는 창녀와 같은 것이었다.

우리나라는 전통적으로 기생제도가 있었지만, 이것은 매음과는 전혀 다르고, 매음 행위는 법적으로나 도덕적으로 용납하지 않았다. 일제는 1904년 10월 서울 쌍림동에 제일루라는 유곽을 조성했으며 병탄과 함께 공창제도를 만들었다.

공창제도가 시작되면서 창녀촌과 유곽이 날로 번성하여 전국 각지에 생겨났다. 창녀촌과 유곽이 늘어나면서 각종 성병이 만연하고 국민의 윤리도덕이 날로 퇴폐했으며, 청장년들의 유곽 출입으로 가정파탄이 끊이지 않았다. 창기조합이 결성되어 관헌의 보호를 받는 기이한 현상도 있었다.

총독부는 1916년 3월 31일 경무총감 부령 제4호 ^{창녀취제규칙}를 발포하여 공창제도를 합법화시키면서 이를 적극 보호했다. 총독부가 창기 조합까지 결성시키면서 이것을 '보호 육성'한 데는 그만한 이유가 있었기 때문이다. ① 조선의 전통적인 윤리도 덕을 파괴함으로써 일본에 동화시키며 ② 망국지한亡國之恨의 울화에 견디지 못하는 우국지사들을 청루로 끌어들이고 ③ 갈 길을 몰라 방황하는 청년자제들을 주색에 빠뜨리려는 계략이 숨어 있었던 것이다.

따라서 전국 각지에 일본인이 경영하는 요정과 유곽, 매음굴이 수천 군데가 생기고, 땅을 빼앗긴 조선인 처녀들은 생계 수단으로 유곽으로 모여들어 대도시는 물론 지방 도시에까지 창녀촌이 번창해 갔다. 조선총독부의 이와 같은 추악한 '인육시장' 보호정책은 다른 어떠한 억압이나 고문, 재산상의 수탈에 못지 않은 잔학하고 악독한 행위였다.

방황하는 민중에게 희망의 글쓰기

박동완은 이 같은 참담한 식민지 현실에서, 방황하는 민중들에게 정신적인 의지처가 되고 희망을 찾는 길이 곧 신앙이고 신앙이 그 길을 인도하는 역할이라 믿고《기독신보》를 비롯《신생명》,《한인기독교보》,《별건곤》등에 여러 장르에 걸쳐 많은 글을 썼다. 일제의 모진 압제와 악랄한 시책에서 동포들을 지켜야 한다는 기독교인으로서의 소명이었다.

같은 매체에 동일 명의로 쓰기 어려울 때이면 근^槿 · 근생^{槿生} · 근곡생^{槿谷生} · ㅂㄷㅇ생 등의 필명을 사용했다. 무궁화를 아끼는 마음은 필명에서도 바뀌지 않았다.

일제강점기 교회신문 역사상 발행기간이 가장 길었고, 그만큼 영향력이 컸던 《기독신보》는 그의 활동의 중심이 되었다. 한 연구가의 이 신문에 대한 평가다.

조선 전후기 연구의 기본 사료를 『조선왕조실록』, 『일성록』이라 한다면 기독신보는 한국 교회사 연구에 일차 사료가 되며 한국 기독교 100년의 뿌리를 확인하는 데 필수 자료가 될 것이다.… 아무튼 기독신보는 일제하에 가장 오랜 기간 동안 한국 교회가 발간한 주간 신문으로 이 신문을 자료로서 이용하지 않고서는 당시의 한국 사회, 기독교 교회의 상황에 대한 인식은 불가능하리라 생각된다. 기독신보는 당시 한국 교회에 대한 실상과 기독교 지식인들이 처한 고민과 시각을 아울러 파악할 수 있는 유일한 자료라 믿어지며…)[13]

박동완이 민중들의 설움과 아픔을 달래주는 글 몇 편을 소개

---

13 서광일, 「기독신보의 사료적 가치」, 박재상 · 임미선의 앞의 책, 112쪽, 재인용.

한다.

추색^{秋色} – 가을빛

꽃과 같이 사랑을 받을 청년들아 그대들은 이 우주 사이에서 그대들을 참으로 사랑하는 자와 거짓 사랑하는 자가 있는 것을 깨달았는가? 꾀꼬리 같이 벗 찾는 자의 소리가 있는 것을 들었는가?

머리에 기름을 반지르르하게 바르고 얼굴에 분을 횟바가지 같이 입히고 청루에 높이 앉아 먹고 마시기를 권하는 것이 그대들을 두터이 사랑하는 듯하나 이것이 참사랑이 아니라 패가망신 시키는 사랑이며… 그런즉 이 세상에 우리를 참으로 사랑하며 참으로 붙드는 자가 누구인가. 곧 우리의 죄를 대신하여 자기 몸을 희생삼은 예수 아닌가.…

우리가 참사랑을 받고 참 붙드심을 입으려 하면 그 지나가는 길이 심히 험하고 그 책임이 매우 중하여 능히 감당하기가 어려우나 그러나 만일 예수께서 자기의 생명을 버리도록 우리를 사랑하신 것을 생각하면 어찌 어려움이 있으리오.

그런즉 우리가 그 사랑을 받고 그 부르심을 입고 이 세상을 지나가려면 삼복의 고열보다도 더 괴로울 것이며 엄동의 맹렬한 바람보다도 더 견디기 어려운 시험을 당할지나 가을같이 서늘한 때를 만

날 수가 있으며 봄 같이 화려한 동산에서 기쁜 날을 당할 때가 멀지 아니하리니 제군은 이 세상 헛된 사랑에 빠져서 허영심을 좇지 않고 (…) 사랑을 주시니 끝까지 믿고 나아가서 이 세상의 어두움을 면하고 광명한 주의 빛 아래 평안한 복을 누릴 지어다.[14] (현대문 정리)

박동완은 향락에 빠진 청년들에게 허영심을 좇지 말라고 격려하면서, 화려한 동산에 기쁜 날을 맞을 때가 멀지 않다고 당부한다. 직설적인 표현이 금제된 식민지 청년들에게 은유적으로 민족해방의 메시지를 전하고 있다.

사조詞藻

一. 연연히 피여 상 받던
　　붉은 꽃도 가는비 부는동풍
　　사정없이 부딪쳐 내리니까
　　불과 열흘 다 못되어
　　분분이 떨어졌구나
　　불지 말라

---

14 《기독신보》, 1916년 8월 30일.

二. 솔로몬의 영화로도

　들에 핀 백합꽃만 못하였고

　골리앗의 자랑하던 용맹도

　다윗의 물매 돌 하나로

　쳐 이기여 멸하였도다

　자긍 말라

三. 부유 같은 인생으로

　이 세상을 춘몽 속에 보내어

　뜬 구름과 흐르는 물 같은

　세사에 참 깊이 취하야

　깨지 못하는 인생들아

　목격하라

四. 검은 구름이 아무리

　붉은 햇빛을 가리울지라도

　광풍이 일어나 맹렬히 불면

　검은 구름 쫓겨 가고

　붉은 햇빛 다시 온다

　낙심 말라

五. 욕정이 비록 영혼을

　유혹하여 해롭게 할지라도

　성신이 광풍같이 임하사

　마음을 씻어 정케하면

　새 생명 다시 얻는다

　소망 있다.[15] (현대문 정리)

위의 사조는 내용도 인상적이지만 본 사조를 《기독신보》에 실을 때 글자의 배열 방식을 종횡으로만 배열한 것이 아니라 조합된 글자들이 위로 향하는 화살표 모양으로 배열함으로써 소망을 가지고 미래를 향해 나아가고자 하는 의미를 함축적으로 표현하고 있다. 시각적으로도 디자인의 요소가 가미된 이러한 표현 방식은 당시에도 획기적인 편집이라 볼 수 있다. 절대적 절망의 시기였던 일제강점기 1916년 그의 「사조」라는 시에서 자연과 인생을 대비함으로써 기독교 세계관에 입각하여 민족의 희망을 노래했다.[16]

15 　같은 신문, 1916년 6월 7일.

16 　박재상, 임미선, 앞의 책, 127쪽.

4.

민족운동 전면에 나서다

一

연수히 피여 샹밧던
붉은쏫도 가는비 부는동문
소졍업시 부듸쳐 니르닛가
불과 얼흘다 못되여
분수히 써러 젓고나
붓지 말아

二

솔노문의 영화 로도
돌에 핀 빅합쏫만 못ᄒ엿고
끝니왓의 조당ᄒ던 요힝도
다윗의 문미돌 ᄒ나로
쳐이기여 멸힛도다
조굼 말아

三

부유ᄀ혼 인싱 으로
이세샹을 한봉속에 보내여
션구품과 ᄒ로눈 물ᄀ혼
셰소에 충긴히 쉬ᄒ야
셔지못ᄒ눈 인싱 돌아
록먹 ᄒ라

四

검은 구믐이 아모리
묘은히빗슬 가리운 지라도
팡뭉이 니러나 힝렬히놀면
기운구룸 쏫기 가고
묘은히빗 다시 온다

五

육졍이 비록 딩셩ᄒ용
유휴ᄒ야 허물계 ᄒ지나도
셩션이 팡ᄎᄎ지 힙샤
ᄆᆞᆷ욜 써서 ᄀ케ᄒᄂ면
탁심 만아

민족자결, 국제정세 포착하고

박동완은 《기독신보》에서 신문제작에 혼신의 노력을 기울이면서 정동제일교회의 전도사가 되고 기독교청년회^{YMCA}에 참여하여 활동했다. 1903년 10월 27일 한국최초의 기독교청년회가 배재학당에 설립되어 있었으므로 재학시절에 이미 가입했던 것이다.

배재학당에 입학하여 기독교인이 된 박동완은 세례를 받고, 졸업 후에는 기독신보사에 재직하면서 정동제일교회 최초의 주일학교장이 되어 주일학교 아동교육에 열심을 다하였다. YMCA 활동 역시 그의 성격대로 열정적이었다. 20~30대뿐만 아니라 죽을 때까지 그에게 기독교는 삶의 근간이고 활동의 기반이 되었다.

박동완이 아직 연소한 나이에 민족대표 33인 그것도 기독교 대표로 선정되는 데는 앞서 소개한대로 《기독신보》 등을 통한 각종 언론활동으로 지명도가 높았을 뿐만 아니라 YMCA 운동에서 함께한 인사들과의 관계도 크게 작용했던 것 같다. 33인 중 기독교인은 16명이고 그중 9명이 YMCA 관계 인사였다.

16명의 기독교인의 구성은 장로교인 7명, 감리교인 9명의 비례로 되어 있다. 그중에서도 YMCA 관계 인사는 정춘수·최성모 · 오화영 · 박희도 · 박동완 · 이필주 · 양전백 · 이승훈 · 이갑성 등 9명이다. 이 9명의 관계 인사들을 다시 분석하면, 박희도는 그 당시 YMCA 회우부 간사인 동시에 학생 책임자였으며, 이필주는 본래 구한국 정부 때 군인으로서 초창기 YMCA 체육부 간사였고 오화영은 Y이사 종교부 위원장이었으며, 정춘수 · 최성모는 Y이사 종교부 위원장이었다. 정춘수 · 최성모는 Y이사 위원을 거쳐 일요강화 · 학생 하령회의 명강사였으며, 이갑성 · 박동완도 Y에 무시로 드나드는 열성 회원 또는 위원이었으며, 양전백은 선천신성학교 창설자로서 그 학교 학생 기독교청년회의 창시자 특히 전국 학생 하령회의 명강사였다. 이승훈 역시 오산학교 창설자로서 그 학교 학생 기독교청년회의 창시자이며, 특히 학교를 창설할 때 결정적인 도움을 준 서울 Y의 박승봉, 이상재와는 오래전부터 동지 관계에 있었다.[17]

그가 《기독신보》를 비롯한 관련 매체에 쓴 글은 실의와 절망에 빠진 기독교인들에게 희망을 주었으며 따르는 자들도 적지 않았다. 차츰 그의 명성이 알려졌다. 교계의 지도자들 중에는 체제에 순응하여 구지레한 처신을 하는 인물도 생겨났다. 이와 달리 국내에서는 종교단체를 중심으로 조직적인 독립운동의 움직

17 전택부, 『한국 기독교청년회운동사』, 327~328쪽, 범우사, 1994.

임이 시작되고, 해외에서도 몇 갈래로 독립전선이 형성되어가고 있었다.

몇 단계 과정을 거쳐 기독교는 천도교와 함께 독립선언에 참여하게 되었다. 불교 측에서도 두 분이 동참함으로써 범종교적인 연대가 이루어졌다. 국치 이래 최초의 초교파적인 항일독립선언을 종교지도자들이 주도하기에 이르렀다.

이 무렵 국제정세는 크게 요동치고 있었다. 1914년 7월 28일 시작된 제1차 세계대전이 1918년에 종전되면서 전승국과 패전국 사이에 강화회의가 열렸다. 일본은 중국에 있어 이권 확대를 노리고 영일동맹을 내세워 독일에 선전포고를 하고, 연합국이 승리하면서 중국 산동성에서 독일의 이권을 물려받고 남양제도의 위임통치령을 얻었다.

한편 러시아에서는 1917년 10월 혁명으로 레닌을 수반으로 하는 소비에트사회주의 정권이 수립되었다. 소비에트정부는 지주의 소유지를 국유화하고 은행 · 산업의 노동자 관리에 착수했으며 독일과의 단독강화에 의해 평화체제를 갖추었다. 러시아 신정부는 권내의 다민족을 포용한 채로 자결권을 승인하고, 민족자결 원칙을 제시하면서 식민지 국가의 민족해방 투쟁을 지원한다고 발표했다.

미국 대통령 윌슨은 1918년 1월 의회에 「14개조 평화원칙」

을 공표했다. 그 내용은 ①강화조약의 공개와 비밀외교의 폐지 ② 공해公海의 자유 ③ 공정한 국제통상의 확립 ④ 군비축소 ⑤ 식민지 문제의 공정한 해결 ⑥ 프로이센 철군과 러시아의 정치 변화에 대한 불간섭 ⑦ 벨기에의 주권회복 ⑧ 알자스로렌의 프 랑스 반환 ⑨ 이탈리아 국경의 민족문제 자결 ⑩ 오스트리아-헝 가리 제국 내의 여러 민족의 자결 ⑪ 발칸제국의 민족적 독립보 장 ⑫ 터키제국 지배하의 여러 민족의 자치 ⑬ 폴란드의 재건 ⑭ 국제연맹의 창설 등이다.

각 민족은 그 정치적 운명을 스스로 결정할 권리를 가져야 하며 외부로부터 간섭을 허용하지 않는다고 하는 민족자결주의 는 19세기 내셔널리즘의 고양과 함께 약소민족의 자주독립사 상으로 널리 인식되었다.

제1차대전 결과 독일 · 터키 · 오스트리아 제국이 붕괴되고, 그 판도에 있었던 종속민족들의 처리문제가 시급한 국제사회의 현안으로 떠올랐다. 윌슨의 '14개조 원칙'은 이 같은 상황에서 제기되었다.

국내외에서 동시적으로 독립선언 준비

재일본 한국유학생들은 1918년 12월 15일자《저팬 어드버타이저 The Japan Advertizer》가 '한국인, 독립 주장'이란 제하에 재미 한국인들이 독립운동에 대한 미국의 지원을 요청하는 청원서를 미국 정부에 제출했다고 보도한 기사를 관심 있게 보았다. 또 12월 18일자의 '약소민족들 발언권 인정 요구'라는 기사에서 뉴욕에서 열린 세계 약소민족동맹회의 2차 연례총회가 파리강화회의 및 국제연맹에서 약소민족의 발언권을 인정해야 한다고 주장한 내용과 함께 한국 대표가 이에 포함된 사실을 알게 되었다.

《저팬 어드버타이저》는 고베에서 영국인이 발행하는 영자지여서 일본 정부의 통제를 받지 않고 이런 기사를 게재할 수 있었다. 한국 유학생들은 이 같은 국제정세를 자주독립을 이룰 절호의 기회로 받아들였다.

1917년 윌슨의 민족자결주의 선언으로 국제정세의 변화, 길림에서 망명 지사들의 「대한독립선언서」 발표, 그리고 상하이에서 동제사와 신한혁명당 조직 등 독립지사들의 소식을 접한 재일본 한국 유학생들은 민감한 반응을 보이면서 이를 주체적으로 해석하며 대책을 논의했다.

제1차 대전이 종결되면서 미국 대통령 윌슨은 자신의 특사 찰스 크레인^{Charles Crane}을 중국에 파견하여 종전 후의 강화회의에 대한 미국의 입장을 설명하고, 중국도 대표를 파견하도록 권고케 했다. 1918년 11월 크레인이 상하이에 도착하자 중국 정부는 환영회를 개최했다. 신한청년당 대표 여운형도 이 자리에 참석했다.

크레인은 "지금 파리에서 개최되고 있는 세계평화회의는 각국 모두 중대한 사명을 다하는 것으로 그 영향력도 또한 큰 것이다. ^{중략} 피압박 민족에 대해서는 그 해방을 강조함에 따라 피압박민족에게 있어서는 그 해방을 도모하는 데 최적의 기회이기 때문에 중국에서도 대표를 파견해 피압박 상황을 말하고 그 해방을 도모해야 한다"는 요지의 연설을 했다.

여운형은 강연을 듣고, 그의 숙소를 방문하여 한민족의 식민지 사정을 설명하고 한국민족 대표의 파견도 가능한지 여부를 물었다. 크레인으로부터 미국정부의 의사는 알 수 없으나 개인적으로는 지원하겠다는 응답을 얻었다.

여운형은 동지들과 상의 끝에 파리에 파견할 대표로 중국 텐진에 머물고 있는, 영어에 능숙한 김규식을 입당시킴과 동시에 이사장에 추대하여 신한청년당의 대표이자 한국대표로 파견키로 하고, 경비는 여러 채널을 통해 마련했다. 장덕수는 부산 백

산상회 안희재로부터 2천 원, 김철은 손병희를 통해 천도교에서 3만 원, 김규식이 1천 원을 내놓는 등 모두 10만 원의 활동자금이 마련되어 김규식의 파리행이 이루어졌다.

김규식은 1919년 2월 1일 프랑스 우편선 편으로 상하이를 출발하여 3월 13일 파리에 도착, 시내의 불라베라는 시인 부부의 집에 사무실을 차리고 타이피스트와 통역을 구하여 '한국공보관'을 설치하는 등 즉각 활동에 들어갔다.

국내에서는 천도교가 손병희를 중심으로 하여 오세창 · 권동진 · 최린 · 이종일 등 핵심측근들이 독립선언을 위한 제반 준비를 서둘렀다. 타종교 지도자와 각계 인사들의 참여를 위해 1차로 선정한 대상은 윤용구 · 박영효 · 한규설 · 윤치호 등이었다.

윤용구는 구한국 대신으로 병탄 초에 일제로부터 작위를 받았으나 품성이 고결한 사람으로 알려지고, 박영효는 고종의 부마로서 개화운동의 선구자였다. 그 역시 일제로부터 작위를 받았지만 작위자를 참여시키는 것도 중요하다고 보아 선정했다. 한규설은 을사늑약 체결 당시 참정대신으로 이를 반대한 인물이고, 윤치호는 105인 사건에 연루되어 옥고를 치르고 특히 미국인들 사이에 신임이 두터웠다. 하지만 이들은 이런저런 이유를 들어 하나같이 몸을 사리고 참여를 거부했다.

5.

태화관에서 독립선언

一
연수히 피여 상밧던
봄은꼿도 가는비 부는동문
수정업시 부듸처 니르닛가
눈파 열풀다 못되여
분수히 써러 젓고나
붓지 말아

二
솔 노윤의 영화 로도
돌에뛴 빈갑꼿만 못ㅎ엿고
끌니앗의 조당ㅎ던 용밍도
다윗의 물미돌 ㅎ나로
쳐이귀여 멀힛노다

三
부유굿흔 인싱 으로
이세상을 츈봉속에 보내여
쓴구룸파 호로눈 물낏흔
세수에 츔김히 쉬ㅎ야
써지못ㅎ는 인싱 둘아
독역 ㅎ다

四
김은 구룸이 아모리
붉은히빗슬 가리운 자나도
짱뭇이 니러나 밍렬히 불면
걸은구룸 쏫기 가고
붉은히빗 다시 온다

五
육졍이 비록 닝훈용
유혹ㅎ야 쌔뜰게 ㅎ지나눈
셩신이 쌍노ㅅ치 닙ㅅ사
모음을 씨서 ㅎ케ㅎ면

기독교계 이승훈 중심으로 대표선임

종교계를 중심으로 초교파적인 항일독립선언을 한다는 데 의견이 모아졌다. 천도교는 손병희, 기독교는 이승훈, 불교는 한용운이 책임을 맡았다. 남강 이승훈은 젊은 날 도산 안창호의 연설을 듣고 회심하여 민족운동에 뛰어들었다. 신민회 입회, 오산학교 설립, 기독교 입문, 안중근사건 · 105인사건으로 복역, 장로안수 · 평양 장로회신학교 입학, ^{1919년 2월} 상하이에서 입국한 선우혁과 만나고, 독립선언에 대해 천도교 측과 접촉하는 등 기독교계의 책임을 맡았다. 이승훈은 이즈음 서북지역에서 기독교의 독자적인 독립선언을 계획하고 그러던 중에 천도교 측의 제안을 받게 되었다.

마침 서울의 천도교 측에서 독립선언에 대해 협의하자는 연락이 왔다. 이에 남강은 2월 10일 서울에서 천도교 측 인사들을 만났다. 천도교 측에서는 서북지역에서 독립선언을 위한 계획이 있다는데 사실이냐고 물었고, 남강은 그렇다고 대답했다. 이에 천도교 측은 거족적인 독립선언을 위해 천도교와 기독교가 제휴하는 것이 좋지 않겠냐고 물었다. 남강은 이 제의를 흔쾌히 받아들였다. 민족의 독립을 위한 거사인데 종교가 다른 것은 문제

가 될 수 없다고 생각했기 때문이다.[18]

예나 지금이나 종교 간의 연대는 쉽지 않은 일이다. 무단통치시대 민족독립 선언과 같은, 개인은 물론 교단의 운명이 걸린 문제와 관련해서는 더욱 그러했을 것이다.

기독교와 천도교의 합동 문제는 3·1혁명의 성패를 판가름하는 중대한 문제였다. 알다시피 그 당시 기독교회는 대체로 보수 신앙을 가지고 있었다. 기독교인은 일단 기성 종교와 조상 숭배를 우상시하고 교회 안에만 구원이 있다는 주장을 고집했다. 여기에 또한 선교사들의 근본주의 신학사상이 부채질하여 한국 기독교회는 천도교에 대하여 배타성과 독단성을 발휘하지 않을 수 없었다.[19]

지도자의 리더십은 위기 때 발휘되는 것이 참다운 리더십이다. 남강은 배타적이거나 몸을 사리는 기독교계 인사들을 설득하고 꾸짖었다.

시간이 너무도 촉박했다. 남강은 설레는 마음으로 기독교계 인사들을 설득하기 위해 바쁘게 뛰어다녔다. 하지만 생각만큼 쉽지 않았다. 목사나 전도사가 정치문제에 관여하는 것은 옳지

18 한규무, 『이승훈』, 126쪽, 2008, 역사공간.
19 전택부, 앞의 책, 328쪽.

않다는 사람도 있었고, 다른 종교인 천도교 측과의 제휴를 마다하는 사람도 있었기 때문이다.

그럴 때면 남강은 나라 없는 놈들이 어떻게 천당을 갈 수 있으며, 이 백성이 모두 지옥에 있는데 당신들만 천당에서 내려다보면서 거기 앉아 있을 수 있겠냐며 그들을 꾸짖었다.[20]

천도교 측은 이미 손병희 등 15인이 선정되었고, 기독교 측은 2월 27일 이승훈의 주도로 박희도·이갑성·오화영·최성모·이필주·함태영·김창준·신석구·박동완 등 10인이 이필주의 집에 모여 독립선언서에 서명할 것에 합의했다. 이들 중 함태영은 서명자들이 구속될 것에 대비, 가족들을 돌보기 위해 제외하고, 신홍식·양전백·이명룡·길선주·유여대·김병조·정춘수 등 7인을 다시 교섭하여 모두 16인의 민족대표가 선정되었다.

불교 측은 한용운이 2월 24일부터 각지의 승려들에게 독립선언 준비 사실을 극비리에 알리면서 서명에 참여할 것을 종용했으나 해인사의 백용성만이 서명했을 뿐이었다.

유림 측은 향리 성주에 있는 김창숙에게 전갈이 갔으나 마침 모친의 병환으로 2월 27일경 상경했을 때는 서명자가 이미 결

---

20 한규무, 앞의 책과 같음.

정되고, 독립선언서가 인쇄에 들어감으로써 '천추의 한'을 남겼다. 김창숙은 이후 유림을 동원하여 「파리장서」 등 별도의 독립운동을 폈다.

독립선언의 준비를 맡은 최린 등은 선언서의 기초를 최남선에게 맡기기로 했다. 1919년 2월 상순 최남선은 "일 생애를 통하여 학자의 생활로서 관철하려고 이미 결심한 바 있으므로 독립운동 표면에는 나서고 싶지 않으나 독립선언 문건만은 내가 지어볼까 하는데 그 작성책임은 형 최린-필자 이 져야 한다"고 하면서 나의 의사를 물었다. "나는 육당의 충정과 처지에 동정하여 이를 승락하고 속히 기초할 것을 부탁하였다."[21]

최남선은 일본 와세다대학에서 수학 중 동맹휴학으로 중퇴하고, 이광수 등과 사귀면서 서구문학 작품을 탐독했다. 귀국 후 도서출판 신문관을 창설, 잡지《소년》등을 발행하면서 근대문학의 개척자가 되었다. 당시 조선의 제일가는 문인 · 문필가로 문명을 날렸다. 독립선언서를 쓰게 된 배경이다. 그는 독립선언서를 쓰는 영광을 차지하고도 후일 변절하여 역사에 오명을 남겼다. 독립선언 준비에 크게 기여한 최린도 비슷한 길을 걸어 초심을 잃었다.

21　최린, 『여암문집(如菴文集)』 하권, 192쪽, 여암문집편찬위원회, 1971.

만해 한용운이 독립선언서를 최남선이 쓰기로 했다는 소식을 듣고 최린을 찾아가 독립운동에 직접 책임을 질 수 없다는 사람에게 독립선언서를 쓰게 할 수는 없다고, 자신이 집필할 것을 요구했으나 바뀌지 않았다. 한용운은 독립선언서 말미에 「공약 3장」을 추가했다. 최남선은 독립선언서를 비롯하여 일본정부와 귀족원, 중의원 및 조선총독부에 보내는 통고서, 그리고 미국대통령 윌슨에게 보내는 청원서와 파리강화회의 열국 위원들에게 보내는 서한을 도맡아 집필했다.

종교계 '비폭력' 택한 배경

3·1혁명을 주도한 종교계 지도자들은 시종 '비폭력'을 내세웠다. 천도교의 독립선언 3대원칙은 1. 독립운동은 대중화할 것. 2. 독립운동은 일원화할 것. 3. 독립운동의 방법은 비폭력으로 할 것이었다. 이 뜻은 최남선에게도 전달돼 독립선언서의 기본원칙으로 삼아 작성했다.

독립운동사 연구 일각에서는 '비폭력 방법'과 관련 '투항주의적' 등 여러 가지로 비판하는 경우도 있다. 하지만 당시 조선의 상황을 살피면 비폭력주의를 내세울 수밖에 없었음을 이해하게 된다.

당시 조선에는 조선 주둔 일본 정규군 2만3천여 명, 일제 헌병경찰 1만3천3백80명, 조선총독부 관리 2만1천3백12명, 34만 명의 일본인 이주민 중 무장 일본 이주민 2만3천3백84명 등 약 8만1천76명이 있었다. 일제는 이밖에도 언제든지 한국에 증파할 수 있는 막강한 군사력을 보유하고 있었다.

일제는 조선을 완벽하게 통치하고자 전국에 수천 개의 일본 군주둔소와 헌병 · 경찰관주재소와 조선총독부 행정조직을 거미줄 같이 늘어놓아 총검으로 식민지 무단통치를 자행하고 있었다.[22]

일제는 1907년 9월 3일 이른바 「총포 및 화약류 단속법」을 제정하여 한국인의 총기 소지나 운반을 철저히 탄압하고, 병탄 이후에는 이 단속법을 더욱 강화했다. 한국인은 철저히 무장 해제된 상태이어서 산짐승이 날뛰어도 이를 처치할 총기 하나가 없었다. 박은식은 이를 두고 "한국인은 일제의 탄압으로 '촌철 寸鐵'도 갖지 못했다"고 지적했다.

당시의 사회적 조건을 고려할 때 만일 3 · 1운동의 지도자들이 민중에게 폭력방법을 요청했다면 3 · 1운동은 민중들에 의

22   신용하, 「3 · 1운동은 누가 왜 어떻게 일으켰는가」,《신동아》 1989년 3월호.

해 자발적으로 파급되어 1,700만 명의 국민 중에서 2,200,000만여 명이 봉기한 대중운동으로 발전하지 못했을 것이다. 탑골공원과 기타 요소에 일본군 몇 개 중대나 몇 개 대대만 투입해도 진압되는 소규모 무장 폭동으로 끝나고 말았을 것이 분명하다.[23]

거사일을 3월 1일로 결정한 데는 각별한 의미가 부여되었다.

첫째, 당시 고종황제의 국장을 2~3일 앞두고 각 지방에서 다수의 인사가 서울에 모였을 뿐 아니라 고종황제를 일인들이 역신배逆臣輩를 사주하여 독살했다는 말이 떠돌았기 때문에 인심은 극도로 격분했다. 예로부터 천시지리인화天時地理人和는 사업을 성취하는 데 있어서 3대 조건이라고 하는 말도 있거니와 이러한 시기야말로 가위천여可謂天與의 시기라고 할 것이다.

둘째, 이날은 조선민족에 영원한 기원이 될 날이다. 이 운동은 조선민족의 성스러운 과업으로서 타일에 이 시일과 이 운동을 합쳐서 부르게 된다면 그것이 곧 이 운동의 명사名詞가 되는 것이다. 이름이란 실체를 대표하는 말이므로 이름과 실체가 부합되어야 하는 법이다.

우리는 3월 1일을 요약하여 부르기를 三一이라 하고 여기에다 이 운동을 가해서 부르기를 3·1운동이라고 한다. 그리고

---

23   앞과 같음.

三一은 삼위일체의 철학적 용어로서 여러 가지로 적용할 수 있는 말이다. 말하자면 3교단이 일체가 되어서 일으킨 의미도 되고, 영토 · 인민 · 주권의 3요건으로서 일국가가 성립된다는 의미로서도 삼위일체가 부합되는 것이다.[24]

민족대표 33인 중 세 번째 연소자

서명자가 확정되자 2월 27일 밤 최린의 집에는 기독교 측 대표 이승훈 · 이필주 · 함태영, 불교 측 대표 한용운, 그리고 개인 자격으로 최남선이 참석하여 회합했다. 이 자리의 주요 의제는 독립선언서의 날인 순서에 있었다.

기독교 측은 서명자의 순서를 연령순으로 하거나 가나다순으로 하자고 제의했다. 이에 최린이 그렇게 되면 위계질서가 확고한 천도교 측에서 볼 때는 선생과 제자의 순위가 바뀌게 되므로 곤란한 지경에 빠진다고 지적했다.

장시간의 논의 결과 그동안 준비과정으로 보아서도 손병희 선생을 수위에 쓰고, 제2위는 기독교를 대표하는 길선주^{장로교파}

---

24   최린, 앞의 책, 193~194쪽.

목사를, 제3위에는 이필주^{감리교파} 목사 그리고 불교 측을 대표하여 제4위에는 백용성^{승려}을 쓰기로 합의했다. 그리하여 손병희 · 길선주 · 이필주 · 백용성의 순위가 결정되고 나머지 29인은 성명의 가나다순으로 배열하여 서명 날인하게 되었다. 박동완이 33인 민족대표에 선임된 것은 재판 과정에서 상세히 알게 된다.

민족대표에 서명하지 않은 주요 인사는 앞에서 지적한 바 있는 함태영 외에 송진우와 현상윤 등이 있다. 이들은 3 · 1항쟁 거사 후의 계속적인 운동지도를 맡기 위해 서명에서 빠졌다. 그리고 최남선은 스스로 "학자로서 일생을 마치기"로 결심했으므로 그대로 수용되었다.

독립선언서에 서명한 민족대표 33인은 다음과 같다. 박동완이 35세로 세 번째 연소자였다. ^{괄호 안은 당시 연령}

△천도교 – 손병희(59) · 권동진(59) · 최 린(42) · 오세창(56) · 임예환(55) · 권병덕(53) · 이종일(62) · 나용환(56) · 나인협(49) · 홍기조(60) · 김완규(44) · 이종훈(65) · 홍병기(51) · 박준승(54) · 양한묵(58)

△기독교 – 이승훈(56) · 박희도(42) · 최성모(47) · 신홍식(48) · 양전백(51) · 이명룡(47) · 길선주(51) · 이갑성(31) ·

김창준(31) · 이필주(51) · 오화영(40) · 박동완(35) · 정춘수
(45) · 신석구(45) · 유여대(42) · 김병조(44)

△ 불교 - 한용운(41) · 백용성(56)

33인의 민족대표와 함께 3 · 1혁명을 주도한 인물의 명단은
다음과 같다.

△ 천도교 - 박인호(66) · 노헌용(53) · 이경섭(45) · 한병익
(20) · 김홍규(45)

△ 기독교 - 함태영(48) · 김지환(29) · 안세환(33) · 김세환
(32)

△ 교육계 - 송진우(31) · 현상윤(28)

△ 문인 - 최남선(31)

△ 무직 - 임규(51) · 김도태(29) · 노정식(30)

△ 학생 - 강기덕(31) · 김원벽(27)[25]

25 김삼웅, 『33인의 약속』, 26쪽, 산하, 1997.

태화관에서 자주독립 선언

민족대표 중 서울에 있던 20여 명은 2월 28일 손병희 집에서 극비리에 회합을 갖고 거사를 최종 점검했다. 이 자리에서 당초 탑골공원에서 하기로 한 독립선언서 발표 대신에 태화관으로 장소를 옮길 것을 결정했다. 흥분한 학생·시민과 일제 경찰의 충돌로 불상사가 생길 것을 우려한 때문이었다.

거사일을 3월 1일로 결정한 데는 또 다른 까닭이 있었다. 고종의 인산因山 일인 3월 3일로 내정했다가, 인산일을 택하는 것은 전 황제에 대한 불경이라는 의견과 2일은 일요일이므로 기독교의 안식일이라 피하자는 의견이 나와 결국 거사일이 3월 1일로 결정되었다.

1919년 3월 1일 오후 2시 민족대표 33인 중 박동완 등 29명이 서울 인사동 태화관에 모였다. 역사적인 순간이었다. 국치 9년 만에 한민족이 세계만방에 자주독립을 선언하는 순간이다. 길선주·유여대·정춘수 3인은 지방에서 서울에 늦게 도착해서 이날 태화관 모임에는 참석하지 못했다. 그리고 김병조는 상해로 건너가 불참하고 서명자 외에 함태영이 참석했다.

태화관은 중국음식점 명월관의 지점으로, 한때 이완용이 살았던 집을 수리하여 음식점으로 변용한 곳이다. 이곳은 이완용이 이토 히로부미와 을사늑약을 밀의하던 장소이며, 1907년 7월 17일 고종황제를 퇴위시키고 순종을 즉위케 한 음모, 그리고 매국노들의 탄병조약의 준비도 바로 이 집에서 모의되었던 얄궂은 장소이다.

태화관의 비극적인 운명은 계속되어서 3·1독립선언 후인 5월 23일 새벽 원인 모를 화재로 모두 불타버렸다. 독립선언서를 인쇄한 보성사가 그해 6월 28일 밤 소실된 것과 함께 3·1항쟁과 관련된 두 곳의 역사적인 장소가 일제의 흉계로 회진되고 만 것이다.

바로 이 태화관에서 민족대표들은 3월 1일 오후 2시 조선의 독립을 선언하고 일본경찰에게 통고하여 구속되었다. 태화관 별실에 모인 민족대표들은 이종일이 인쇄하여 가져온 「독립선언서」 1백여 장을 나눠보면서 간략히 행사를 진행했다.

「독립선언서」는 이미 민족대표들이 읽은 바 있으므로 낭독을 생략하기로 하고 한용운이 간단한 인사말을 하도록 했다. 한용운은 이 자리에서 "오늘 우리가 이렇게 모인 것은 조선의 독립을 선언하기 위한 것으로 자못 영광스러운 날이며, 우리는 민족대표로서 이와 같은 선언을 하게 되어 책임이 중하니, 금후 공동 협심하여 조선독립을 기도하지 않으면 안 될 것이다"라는 요지의 선언식 인사말을 하고, '독립만세'를 삼창했다.

뒤이어 태화관 주인에게 경찰에 알리도록 하여 달려온 일본 헌병과 경찰 80여 명에 의해 29인의 민족대표들은 전원 연행되었다. 그들은 군중의 만세 소리를 들으면서 자동차에 실려 끌려갔다.[26]

일경에 끌려간 민족대표들은 즉시 남산 왜성대의 경무총감부에 구금되었다. 지방에서 뒤늦게 상경한 길선주 · 유여대 · 정춘수 세 사람도 자진해서 경찰에 출두하여 이들과 합류했다. 33인의 민족대표 중 유일하게 김병조는 독립운동의 경위를 해외에 알리기 위하여 상해로 망명하여 구속자에서 제외되었다.

구속된 민족대표들에게는 이날 밤부터 개별적으로 혹독한 취조가 시작되었다. 32인 이외에 3 · 1혁명 준비과정에서 중요한 역할을 한 관련자들도 속속 구속되어 48인이 주동자로 취조를 받았다. 심한 고문도 가해졌다.

왜성대에서 1차 취조를 받은 민족대표들은 모두 서대문감옥으로 이송되었다. 이들은 악명 높은 서대문감옥에서 문초 · 고문 · 대질심문의 어려운 고비를 겪으며 4월 4일 경성지방법원의 예심에 회부되었다. 독립지사들에게 일제는 내란죄의 죄목을 걸어 국사범으로 몰아갔다.

---

26 앞의 책, 21~22쪽.

민족사의 대전환 3·1혁명

3월 1일 하오 2시 종로 탑골공원에는 2천여 명의 학생과 시민이 회집會集하여 민족대표들의 참석을 기다리고 있었다. 민족대표들은 당초 이곳에서 독립선언을 하기로 했다가 학생·시민들이 일경과 충돌하면 희생자가 생길 것을 우려하여 장소를 태화관으로 바꾸었다.

시민·학생들은 기다려도 민족대표들이 나타나지 않자 군중 속에서 한 청년이 팔각정 위로 올라가 독립선언서를 우렁차게 낭독했다. 낭독이 끝나자 군중들의 독립만세가 고창되고, 이어서 공원 문을 쏟아져 나와 시위행진을 벌였다. 일부 시위자들은 태극기를 들고 있었다.

학생과 시민들이 탑골공원을 뛰쳐나와 거리행진에 나서자 고종의 인산因山에 참석하고자 전국에서 상경한 사람들이 합세하면서 시위대는 삽시간에 수십만 군중으로 불어났다. 시위대 일부는 종로에서 광교 → 시청앞 → 남대문을 돌아 의주통으로 꺾이어 프랑스 공사관 쪽으로, 다른 일부는 종로 → 덕수궁 → 대한문 앞에 이르러 독립만세를 불렀다.

그사이에 출동한 일제경찰의 제지를 받았으나 민중들은 조금도 흩어지지 않고 대열을 정비하면서 시위를 벌였다. 시위 군중은 다시 여러 대열로 나뉘어 미국 영사관 → 창덕궁 → 일본보병사령부 → 총독부청사 앞을 행진하면서 만세를 불렀다.

3월 1일의 독립만세 시위는 서울뿐만 아니었다. 평양·의주·정주·해주·옹진·사리원·황주·서흥·연백·수안·원산·영흥에서 같은 시각에 만세시위가 있었다. 경의선과 경원선 등 철로 변에 위치한 도시들이어서 서울과 연락이 용이한 까닭이다.

독립만세 시위는 3월 2일부터 전국적으로 확산되었다. 서울의 여러 지역을 비롯하여 조선8도 전 지역에서 조직적으로 또는 자발적으로 벌어졌다. 민족대표들은 비폭력·일원화·대중화의 3대원칙을 제시했고, 시위군중은 이에 따랐다. 비폭력적으로 질서정연하게 진행되었다. 3월 1일부터 5월 말까지 3개월 동안 전개된 시위 상황을 박은식의 『한국통사』를 참고하면 다음과 같다.

집회총인원 2,023,098명, 사망자 7,509명, 부상자 15,961명, 피검자 46,948명, 불탄 교회당 47동, 불탄 학교 2동, 불탄 민가 715호 등이다. 일제는 이보다 훨씬 축소하여 통계를 조작했다.

3·1독립시위는 국내뿐만이 아니었다. 한인이 모여 사는 해외 곳곳에서 전개되었다. 서간도와 북간도를 비롯하여 남북만주 일대와 중국본토 여러 지역, 러시아 연해주, 미주·하와이, 일본

등지에 살던 교포들이 참여했다.

특히 북간노의 중심지인 용정에서는 3월 13일 1만여 명의 한인이 일본 영사관 옆에서 조선독립축하회를 개최하고 독립선언서와 별도로 제작한 '독립선언포고문'을 발표했다. 행사를 마친 동포들은 시위에 나섰다가 일경의 무자비한 총격으로 17명이 사망하고 30여 명이 중경상을 당하는 등 피해를 입었다.

독립을 선언한 민족대표들에게 일제는 내란죄로 엮어 중형을 선고하고자 시도하면서 일체의 가족면회를 금지하는 등 악행을 서슴지 않았다. 독립선언서는 천도교 인쇄소인 보성사에서 책임자 이종일의 주도로 2만1천 매를 인쇄했다. 인쇄 도중에 총독부의 한인 형사가 들어와 적발될 위기에 처했으나 손병희가 거금을 주어 입을 막았다.

보성사는 또《조선독립신문》제1호 1만 부를 찍어 3월 1일 서울 시내에 살포하는 등 몇 차례 지하신문을 발행했다. 이 신문은 곧 가정부^{임시정부}가 세워지고 민주공화제로 한다는 내용을 실었다. 지하신문은 이외에도 여러 차례 곳곳에서 제작되어 만세시위와 함께 살포되었다. 태화관과 보성사는 얼마 후 의문의 화재로 전소되었다.

기미년 만세시위는 어느 날 갑자기, 자연발생적으로 일어난 거사가 아니었다. 동학혁명 · 독립협회 · 만민공동회 · 의병투쟁 · 신민회 등 국내의 민족운동과 1917년 7월 해외독립운동가 14인의 '대동단결선언', 1919년 초 해외독립운동가 39인의 '대한독립선언', 같은 무렵 상하이에서 조직된 신한청년당의 파리강화회의 대표파견과 국내 파견, 도쿄 유학생들의 2 · 8독립선언, 그리고 윌슨 미국대통령의 민족자결주의 등 역사의 맥락과 조직 그리고 국제환경을 포착하여 이루어진 한민족의 위대한 혁명이었다.

민족대표들은 독립만 선언한 것이 아니었다. 임규와 안세훈을 일본에 파견하여 일본 내각 및 의회에 독립선언서를 제출케 하고, 미국 대통령과 파리강화회의 대표들에게 독립원조 청원서 등을 영문으로 번역, 전송키 위해 현순을 상하이로 파견했다.

자료에는 나타나 있지 않으나, 민족대표들이 재판정에서 판검사의 심문에 "독립된 나라의 정체는 민주공화"였음을 진술한 것으로 보아, 독립이 되면 민주공화제를 채택하기로 사전에 뜻을 모았던 것 같다. 상하이에 수립된 임시정부가 이를 받아 민주공화제를 채택한 데서도 알 수 있다.

'3·1혁명'의 정명으로 불러야

역사는 정명^{正名}을 찾아가는 과정이다. 동학난 → 동학혁명, 4·19의거 → 4·19혁명, 광주사태 → 광주민주화운동이 사례이다. 기미년 민족적인 항쟁을 일제는 폭동·소우 등으로 깎아내렸지만 독립운동가들은 3·1혁명, 대혁명 등으로 부르고 중국의 신문 잡지도 그렇게 썼다.

제헌국회가 헌법초안을 만들 때 한민당 계열 일부 의원들이 초안의 3·1혁명을 이승만 국회의장에게 '과격용어'라 주장한 것이 받아들여져 오늘에 이른다. 청교도혁명, 프랑스대혁명, 신해혁명, 러시아혁명 등 외국의 변혁운동은 혁명이라 부르고, 심지어 4차산업혁명, 1968년 5월 프랑스 등 유럽의 시위에는 68혁명이라 호칭한다. 3·1운동을 3·1혁명이라 불러야 하는 이유를 밝힌다.

첫째, 국치 9년 만에 소수의 친일파를 제외한 전 민족이 하나가 되어 자주독립을 선언했다. 인구의 10분의 1 이상이 시위에 참여한 것은 세계혁명사에서 처음이다.

둘째, 군주제를 폐지하고 근대적인 민주공화제로 전환하는 계기를 만들었다. 민족대표들이 법정에서 독립하면 민주공화제국가를 수립할 것이라 진술하고, 각종 지하신문은 민주공화제를 추구했다. 상하이 대한민국임시정부는 이를 받아 민주공화제를 채택했다.

셋째, 여성이 사상 처음으로 역사현장에 등장했다. 4천년 동안 남성위주의 가부장제도에서 신음해오던 여성들이 독립된 주체로서 사회에 참여한 것은 이때가 처음이었다.

넷째, 신분해방의 측면이다. 조선사회의 '천민계급'에 속해 있던 기생 · 백정 · 광대 등 하층민들까지 조국해방투쟁에 참여하여 평등사회로 전환하는 계기가 되었다.

다섯째, 비폭력투쟁이다. 3·1혁명의 지도부는 처음부터 비폭력, 일원화, 대중화를 지침으로 했다. 이 사실 역시 세계혁명사의 초유의 일이며, 촛불혁명의 모형이 되었다.

여섯째, 세계피압박민족 해방투쟁의 봉화역할을 했다. 중국의 5·4운동을 비롯 인도와 이집트, 중동과 아프리카 제국의 반식민지 해방투쟁에 큰 영향을 주었다.

일곱째, 국치 이래 독립운동 일각에서 진행되어온 존왕주의 尊王主義 복벽운동을 중단시키고, 주권불멸론-국민주권승계론에 따른 국민국가시대를 열었다.

여덟째, 국내만이 아니라 해외에 나가 살던 이주민과 망명자들까지 하나로 묶어내는 한민족의 정체성을 이루었다. 한인이

거주하는 세계 곳곳에서 독립 만세에 참여했다.

아홉째, 독립의 당위성과 함께 일제의 패권주의와 침략성을 폭로하고, 인류가 지향해야 할 국제평화 · 평화공존 · 인도주의 등 이상을 제시하면서 국제사회의 일원으로 등장했다.

이와 같은 대전환을 가져온 것이 기미년 3~4월 한민족이 성취한 3·1혁명이다. 이를 일컬어 어찌 '혁명'이라 하지 않을 수 있겠는가. 2만3천여 명의 사상자와 4만6천여 명이 투옥된 거족적인 선열들의 항쟁에 부끄럽지 않는 정명正名을 찾아야 한다.

6.

당당한 법정투쟁

一
연수히 피여 상밧던
붉은꼿도 가는비 부는동문
수정업시 부듸처 니로닛가
불과 열홀다 못되여
분수히 쎠러 젓고나
붓지 말아

二
솔노문의 영화로도
돌에핀 빅압꼿만 못흥엿고
꿀니엿의 주당흥던 용의도
다윗의 문민돌 흥나로
처이거여 멀힛노다
즈군 말아

三
부유굿흔 인성으로
이세상을 춘몽속에 보내여
쓴구룸파 흐로닌 문굿흔
세소에 츰긴히 싯흥야
써지못흥는 인성 둘아
묵역 흥다

四
검은 구룸이 아모리
놈은히빗슬 가리운 지나도
광몽이 니러나 팅렬히놀면
김운구룸 쏫기 가고
놈은히빗 다시 온다

五
육정이 비록 인흥율
유휴흥야 허둘게 즈지나
성닌이 팡죳깃기 임닌소사
모ㅇ을 씨서 흐케흐넌

구속당일부터 혹독한 조사받아

박동완 등 민족대표들은 3월 1일 오후 일경에 구금된 첫날부터 혹독한 신문과 고문을 당하고 재판에 넘겨졌다. 일제가 민족대표들을 얼마만큼 증오했는지, 수사 경찰과 신문 검사를 가장 악독한 자들 중에 골라서 맡겼다.

민족대표들은 견디기 어려운 고문과 대질신문 등 인간적인 수모 속에서도 시종일관 인격과 품격을 지키며 감내했다. "지면에 옥獄을 그려놓아도 사람은 그것을 피하고 나무를 깎아 형리刑吏를 만들어도 사람은 그것과 면대하길 싫어한다"라고 사마천은 「임안任安에게 드리는 글」에서 말했다. 감옥을 말하는 '옥獄'자는 사나운 개 두 마리가 사람의 입을 지키고 있는 형상을 하고 있다.

더욱이 민족대표들에게는 사형이 가능한 내란죄를 적용한다는 것이 총독부의 방침이었다. 이와 같은 살벌한 시기에 수사와 신문이 이뤄지고 검찰에 송치되어 재판이 열렸다. 여기서는 박동완의 기록을 중심으로 진행과정을 살피기로 한다.

3월 1일 경무총감부에서 작성한 박동완 관련 신문조서의 일부이다.

서명자 전원이 주모자다

문 인쇄는 어떻게 하였는가.

답 이종일이가 보성사에서 인쇄하였다고 들었다. 어제 밤 손병희 집에 갔을 때 벌써 인쇄가 되었다는 말을 들었다.

문 그대는 어느 때 명월관 지점에 갔는가.

답 오후 한 시 사십 분경이다.

문 그대가 갔을 때 벌써 많이 왔던가.

답 전부가 왔었다.

문 선언서는 누가 가지고 왔던가.

답 내가 가니까 벌써 갔다 놓았었다.

문 몇 매나 인쇄하였는가.

답 2만 매 인쇄하였다고 하였다.

문 어떻게 배포하였는가.

답 명월관에 오기 전에 이미 각처에 배포하였다는 말을 들었다.

문 어디에다 분배하였는가.

답 손병희 댁에 갔을 때 이미 배포하였다는 말을 들었으나 그 사람의 성명은 알지 못한다.

문 그러면 종래 본건에 대하여 회합한 일은 없는가.

답 손병희 집에서 28일에 집합한 것이 처음이다.

문 금후는 어떤 곳에 집합하려고 하였는가.

답 그런 일은 없다.

문 조선 민족의 독립은 어떠한 수속을 하려고 하였는가.

답 별로 수속할 방법 등은 생각한 일이 없고 우리들은 배일을 하면서도 독립할 생각은 없었다가 단지 정의인도를 중히 하여 민족의 독립을 희망하고 있었고 특히 구주(歐洲)에서 인종 차별을 철폐하라는 것은 구미인의 귀를 기울이게 하고 있으므로 장래에는 백인종과 황인종 문제가 평등한 원칙에서 해결되리라고 생각하였다. 그때는 조선도 독립될 것이라는 것을 생각하였다.

문 회합할 때 독립의 수단 등은 연구하였는가.

답 그러한 것을 의논한 일은 없다.

문 독립운동에 필요한 돈은 준비가 되었으며 장래 어찌할 것을 생각하였는가.

답 금전에 대하여서는 알지 못 한다. 나는 단지 가담한 것뿐이다.

문 주모자는 누구인가.

답 선언서에 연명한 사람은 전부 찬성한 사람들이다. 그 안에 누가 주모자라고 말하거나 역할 등을 정하지는 않았다.

문 그러면 장래의 행동에 대하여도 정한 일이 없고 단지 선언서를 살포하는 것뿐인가.

답 그렇다.

문 그대들은 단체로 총독부에 건의서를 제출하려고 하였는가.

답 대표자 33명의 이름으로 제출하였다.

문 누가 가지고 갔는가.

답 이갑성을 지명했는데, 동인이 누구를 시켜서 오늘 오후 2시에 제출할 것이라고 하였다.[27]

'폭동' 일어날 줄 알았다

1919년 3월 13일 경무총감부에서 검사 가와무라 가와무라 시즈나가河村靜永의 신문에 박동완이 답변한 내용이다.

문 피고가 이번 조선독립운동을 하게 된 전말을 자세히 말하라.

답 올 2월 20일경 기독교신보사인 내 사무소에 박희도가 와서, 나는 조선도 민족자결에 의해 독립하는 것이 좋겠다하니 박희도도 찬성했다. 그 후 2월 27일 다시 박희도가 왔길래, 나는 누구든지 독립 운동을 한다면 찬성하니 참여하게 해달라

---

27 이병헌, 『3·1운동비사』, 461~462쪽, 서울 시사시보사 출판국, 1959.

고 의뢰했다. 그날 정오, 총독부에 청원할 서류에 날인해야 하니 정동 이필주 집으로 오라고 해서 가니 이갑성, 박희도, 최성모, 오화영, 함태영 등이 모여 총독부에 제출한 건의서에 서명 날인을 요구하여 날인했다. 28일 청년회관에서 박희도가 오늘밤 손병희의 집에서 집합한다고 해서 오후 8시경 손병희 집에 갔다.

거기에는 건의서에 연명한 20여 명이 모여 3월 1일 파고다 공원에서 독립선언서를 발표하면 소동이 일어나기 쉬우므로 오후 2시 명월관 지점으로 모이는 것이 좋겠다고 논의했다. 3월 1일 명월관 지점으로 가서 음식이 나오자 경찰에 체포되었다.[28]

다음은 1919년 5월 2일 경성지방법원 예심괘^{豫審掛} 예심판사 일본인 나가시마 유조^{永島雄藏} 의 "선언서를 배포한 목적이 무엇인가"란 신문^{訊問} 에 관한 박동완의 답변이다.

문 이 선언서를 배포한 목적은 무엇인가.

답 그것은 우리의 행동을 일반에게 알리기 위하여서이다.

---

28 김삼웅 편, 『33인의 약속』, 106쪽, 산하, 1997.

문 이 선언서를 배포해서 독립운동의 사상을 고취하고 일반에게 운동을 시키기 위하여서가 아닌가.

답 그런 것은 아니고 우리의 운동을 알리기 위하여 배포한 것이다.

문 그런 것이 아니고 각종 운동을 선동하기 위하여 배포한 것이 아닌가.

답 그런 것이 아니다.

문 선언서를 배포하면 일반 인민은 그것에 자극되어 과격한 자는 폭동을 일으키리라고 생각하고 있지 않았는가.

답 폭동이 일어나지 않도록 노력하여도 자연 일어날 것으로 생각은 하였다.

문 소요는 어떤 정도일 것인가.

답 그것은 이곳저곳에 사람이 모여서 연설을 한 것으로 안다.

문 그런 일이 있으면 경찰관이 그것을 제지할 때 이에 반항하여 폭동이 있을 것이라고 생각하지 않았는가.

답 자연 그러한 것쯤은 있을 줄로 생각한다.[29]

---

29 이병헌, 앞의 책, 473쪽.

군중 모이면 소요는 당연

박동완이 3·1혁명에 참여하는 데 있어서 그의 의지가 어떠하였는지 다음의 신문조서들을 통하여 확인할 수 있다. 먼저 1919년 5월 2일에 열린 경성지방법원 예심부의 일부 기록이다.

문 피고가 최초 박희도에게 희망을 말한 것은 박희도가 이승훈과 같이 조선 독립운동을 하고 있는 것을 알고 있음으로 참가하겠다고 한 것이 아닌가.

답 그런 것이 아니고 나는 박희도가 그런 것을 계획하고 있는 것은 알지 못하였다.

문 그런 것을 획책하고 있다는 것을 알지 못하였다고 하나 돌연히 그러한 것을 말한 것이 아니고 누구에게 그런 일을 듣고 그런 것이 아닌가.

답 나는 신문지 상에서 윌슨 이가 민족자결을 주창함을 알고 본년 1월 상순경 조선도 민족자결을 하는 것이 좋다고 생각하였으므로 박희도를 만나서 그 의사를 말하였다.

문 어떤 신문에서 민족자결을 주창한 것을 보았는가.

답 본년 1월 상순경 대판매일신문을 보고 알았다.[30]

1919년 7월 26일 서대문감옥에서 예심계 조선총독부 판사 일본인 나가시마 유조永島雄藏에 의해 행해진 신문訊問에서 박동완은 다음과 같이 답변했다.

문 3월 1일 선언서를 발표하면 폭동이 일어날 것으로 생각했는가.

답 폭동이 일어날 것까지는 생각하지 않았으나, 수많은 군중이 모이면 자연 소요가 일어날 것으로 생각했었다.

문 피고 등이 독립선언을 했기 때문에 황해도·평안도·함경도·경기도 각지에서 폭동이 일어났는데, 그것을 예상하고 한 것이 아닌가.

답 그런 예상은 하지 않았었다.

문 각 지방으로 선언서를 보내어 발표하게 한 것은 알고 있었으므로 자연 폭동이 일어날 것으로 생각하고 있었던 것이 아닌가.

답 서울에서는 선언서를 낭독 발표한다는 것이었으므로 소요가 일어날 것으로 생각했으나, 각 지방에서는 다만 선언서를

30   이병헌, 앞의 책, 467쪽.

보낸다는 것뿐이어서 폭동이 일어날 것으로는 생각하지 않았었다.[31]

'민족자결' 원칙으로 독립운동하자고

다음은 1919년 8월 26일 고등법원에서 작성된 박동완 관련 신문조서의 일부이다.

문 피고는 2월 27일에 이필주의 집에서 다른 한 동지와 회합했는가.

답 그렇다.

문 그 장소에서 선언서, 청원서 등의 원고를 보고, 선언서 발표의 방법에 대해서도 상의하지 않았는가.

답 나는 그 곳으로 가는 것이 늦었기 때문에 원고 등을 보지 못했으나 선언서를 인쇄하 배포한다는 것은 말하는 것을 들었었다.

문 그 선언서를 각 지방에 배부하는 일은 누가 지휘하고 누가

---

31 국사편찬위원회 편, 『한민족 독립운동자료집(12) 3 · 1운동 1』, 186~187쪽, 1990.

배부를 담당하게 되었는가.

답 그 분담의 일에 대해서 그 곳에서 듣지 못했으나 그 다음날 밤 손병희의 집에서 모였을 때 이갑성이 그것을 맡았다는 것을 들었었다.

문 뿐만 아니라 다른 사람도 담당하지 않았는가.

답 별로 듣지 못했다.

문 각 지방에서도 3월 1일에 서울의 파고다 공원에서 하는 것과 마찬가지로 그날 발표하기로 되어 있었던 것이 아닌가.

답 각 지방에서도 선언서를 배포한다는 것만으로 그 방법에 대해서는 아무것도 듣지 못했다.

문 이승훈 또는 함태영이 3월 1일 서울에서 발표하는 것과 같이 하도록 하게 하기 위하여 다시 사람을 지방으로 보냈다는 것을 모르는가.

답 이승훈에게서 선언서의 배부는 이갑성이 한다는 것을 들었을 뿐이다.[32]

1920년 9월 25일 《매일신보》에 게재된 "손병희 외 47인 공소불수리 사건 제4일의 공소공판 22일 오전 중 공판 계속 속기

32　국사편찬위원회 편, 『한민족 독립운동자료집(12) 3 · 1운동 2』, 75쪽, 1990.

박동완 신문 자존자립의 정신"이란 기사 중 일부이다.

문 이월 이십칠일에 박희도가 피고를 만나 선언의 날의 기회를 얻어서 조선독립운동실행에 착수할 터이니 피고더러 정동 이필주 집으로 오라고 하였지.

답 그렇소이다.

문 그래서 함태영 이필주 박희도 이갑성 최성모 이승훈 등이 모여서 선언서와 기타의 서면을 외국으로 보내자는 말을 듣고 승낙하였던가.

답 구체적 선언서는 없고 단지 주의건뿐이며 기타 서면도 있었으나 모두 초본(草本)임으로 내용은 아니 보고 함태영에게 인장을 주었소이다. 대체 상사 취지는 오하영의 말과 같이 00 이다.

문 이십팔일에 손병희 집에 모인 것과 삼월일일 두 시에 태화관에 모인 일이며 한용운의 축사가 있었는데 한용운의 말은 좌우간 독립에 관한 말이었었지.

답 그렇소이다.[33]

---

33 《매일신보》, 1920년 9월 25일.

다음은 1920년 9월 25일자《매일신보》에 게재되었던 "손병희 외 47인 공소불수리사건 제4일의 공소공판 22일 오전 중 공판계속 속기 박동완 신문 자존자립의 정신"이란 기사 내용 중 일부이다.

문 이월 십오일이나 이십일에 박희도와 만나서 말한 일이 있었지.

답 독립운동 하자는 말을 하였소.

문 방법은 어떠하다고 말하였는가.

답 방법여부 없이 단지 사상만 말하였지요.

문 민족자결주의를 주장 삼아서 독립운동을 하자고.

답 그것을 주장 삼아서 함이 아니라 기회를 삼아서 하자고 하였소.

문 박희도가 무엇이라고 말하였나.

답 자기도 경영하는 바 있다고 합디다.[34]

---

34 앞과 같음.

7.

옥살이와 가족 그리고 출옥

一
연々히 피여 상밧던
붉은 욧도 가는비 부는동풍
수경업시 부듸처 니르닛가
불파 얼둘다 못되여
분々히 싸려 젓고나

二
솔 노문의 영화 로도
돌에 핀 빈갑욧만 못ㅎ엿고
골니앗의 조랑ㅎ던 용밍도
다윗의 물미돌 ㅎ나로
처이귀여 멀힛노다
즈구 말아

三
부유ㄱ혼 인성 으로
이세상을 츈몽속에 보내여
쓴구름과 호로눈 뭇ㄱ혼
세소에 총김히 쉬ㅎ야
서지못ㅎ눈 인성 돌아
독역 ㅎ다

四
김은 구룸이 아모리
붉은 히빗슬 가리운 자다도
팡뭉이 니러나 밍렬히 불면
김은구룸 쏫기 가고
붉은히빗 다시 온다

五
눅정이 비록 딩큰용
유후ㅎ야 해물게 ㅎ지나도
성신이 팡채ㅋ지 밀ㅎ샤
마음을 씨서 ㅋ케ㅎ면

가족들 굶기를 밥 먹듯이

박동완은 2년 형을 선고받고 서울 마포구 공덕동 경성감옥에서 옥살이를 했다. 독방에 갇혀 시멘트 바닥에서 추위와 더위에 시달리고 만해 한용운이 제시한 대로 사식私食을 먹지 않는다는 원칙을 받아 감옥에서 주는 콩과 보리로 뭉친 오등식五等式 한 덩어리로 허기를 때웠다.

가족이 사식을 들일 여력도 없었다. 그의 부인 현미리암은 남편이 구속될 당시 심히 병약한 상태여서 큰딸 박한엽이 어머니 병발과 아버지 수발을 직접 하게 되었다. 딸은 1919년 3월 1일 당일 아버지가 집을 나설 때의 모습을 다음과 같이 증언한다.

아버지는 성격이 워낙 깔끔한 분이라 외출할 때면 항상 손수건을 지니고 다니셨지. 그날 아침에도 어느 날과 다름없이 손수건을 챙겨드렸어. 그런데 밖으로 나가셨던 아버지가 잠시 후 다시 들어오셔서 손수건을 달라고 하시는 거야. 그래서 내가 그랬지. "아버지, 방금 나가실 때 드렸는데요. 안주머니 한 번 살펴보세요" 하고…. 그랬는데 안주머니는 살펴보지도 않고 한 장 더 달라고 그러시는 거야.

그래 무심히 오늘은 손수건이 한 장 더 필요하신가 보다 생각하고 마침 세탁해 놓은 게 있어서 한 장 더 드렸거든. 그랬더니만 내 얼굴과 누워계신 어머니 얼굴을 한동안 묵묵히 바라보시다가 아무런 말씀도 없이 그냥 나가버리시는 거야.

2년여 동안 옥고를 치르고 집에 돌아오신 아버지께 시간이 어느 정도 지난 후에 내가 "그때, 왜 나가셨다가 다시 집에 들어오셨나요?" 하고 물어봤지. 그랬더니만 그제서야 말씀하시는 거야. "네 얼굴 보는 게 마지막이 될지도 몰라 한 번 더 보고 싶어서 그랬다" 하고…. 아버지가 워낙 말씀이 없으신 줄은 알았지만 그때 더 절실히 깨달았지.[35]

가장이 독립운동에 나서면서 그 가정은 파산지경이 되었다. 경찰의 감시가 따르고 곳곳에 박아둔 밀정이 가족의 수상쩍은 거동을 낱낱이 보고했다. 야박한 것이 세상의 인심이라 이웃들도 후환이 두려워서 자연히 거리를 두게 된다. 박동완의 가정도 별로 다르지 않았다.

박동완은 거사를 앞두고 집을 나섰다가 손수건을 핑계로 다시 돌아와 딸과 아내의 얼굴을 한 번 더 바라보았다. 자신과 가족의 불행을 예감했음에도 불구하고 조국의 독립을 위해 평정심을 잃지 않고 태연하게 행동했던 그의 모습 속에서 과묵한 그의 성격을 엿볼 수 있다. 동시에 3·1혁명 거사 후 죽음을 각오

35 박재상·임미선, 앞의 책, 55~56쪽.

한 그의 비장한 마음을 느낄 수 있다.[36]

　민족대표들이 재판을 받고 감옥에서 혹독한 시련을 겪고 있을 때 상하이에 대한민국임시정부가 출범하고[1919년 4월], 같은 해 11월에는 만주 길림성에서 조선의열단과 서로군정서가 각각 조직되어 투쟁에 나섰으며, 1920년 6월 봉오동전투와 10월 청산리전투 등 한민족의 대일항쟁이 전개되었다.

　3·1혁명에 불을 지핀 민족지사들의 숭고한 희생정신을 계승하고자 하는 투쟁은 1921년 1월 서울청년회조직, 양근환 의사가 도쿄에서 친일파 민원식 사살, 신채호 등이 베이징에서 군사통일주비회조직 등으로 꾸준히 이어졌다.

　그가 투옥 중일 때 어느 날 《기독신보》 기자가 박동완의 집을 찾았다. 방문기의 일부다.

　기자는 어느 친구의 인도를 의뢰하여 체부동 121번지를 찾아가서 여섯 간 초가 움막살이 북향 대문 앞에 다다르니 박동완(朴東完)이라 2호 글자로 넓이는 한치 남짓 길이는 세치 남짓한 얇은 송판 쪽에 다가 섰거랐다.

　동행한 친구는 문간에 썩 들어서며 "이리 오너라" 한마디 불렀다.

36　앞의 책, 56쪽.

안에서 힘없는 가는 목소리로 누구 오셨나 보다 나가 보아라 하더니 일곱 살쯤 되는 남자 아이 나오는데 그 아이는 박동완의 제2남이다.

그 아이는 나와서 우리를 보더니 반기는 얼굴로 빙그레 웃었다. 기자는 그 아이를 대하여 너의 어머님께 기독신보사에서 누가 오셨다고 여쭈어라 하니, 그 말이 그치자마자 한숨 섞인 목소리로 들어오십소서 여쭈어라 했다. 들어서서 안마당 끝 건너방 뜰아래에 들어서니 안마루 끝에 근심 섞인 파리한 얼굴로 젖먹이 자는 어린 아기를 가로안고서 부끄러움을 이기지 못하는 목소리로 이렇게 오셨으니 고맙습니다, 하면서 우리를 영접하시는 여자는 박동완의 부인이다. 기자는 모자를 벗어 들면서 이사하시기에 얼마나 고생하셨습니까, 아이들은 다 충실하오이까, 부인 "우리야 무슨 괴로움이 있으리까 여러분의 근념으로" 하면서 한숨이 묻어 나오더라.

집안을 둘러보니 요사이에 집에 쫓기어서 엉터리없는 것을 천신만고하여 그 집을 주선하야 이사한 지가 몇 날이 되지 못한지라, 많지 아니한 세간사리 부평등속일 망정 아직 제자리에 놓지 못한 터이라, 여기저기 어수선한 것은 둘째이고 부엌을 들여다보니 나무 한 줄거리 없는 것을 본즉 솥에 들어갈 것도 없을 것이다….[37]

---

37 《기독신보》, 1920년 5월 26일.

박동완 가족의 궁핍상이 그대로 드러나 보인다. 가장이 투옥되고 얼마 후 부인은 이제껏 살았던 경성부 누하동 214번지에서 종로구 체부동 121번지로 이사를 했다. 생활비를 줄이고자 더 작은 집으로 옮긴 것이다. 기사에 나오는 7살 쯤 되는 남자 아이는 박동완의 차남 박창희였다. 실제 나이는 10살이었는데 영양실조로 왜소하게 보였던 것이다.

박창희의 증언이다.

아버지가 감옥에 계시는 동안 우리 식구는 밥 굶기를 밥 먹듯이 했지. 며칠을 굶었는지 몰라. 막내가 영 기력이 없는 거야. 그걸 보던 어머니가 끼니를 구하러 나가셨어. 그래 온 가족이 대문 밖에서 어머니가 돌아오시기만을 눈이 빠지게 기다렸지. 해가 뉘엿뉘엿 질 때쯤 외출했다 돌아온 어머니 손에는 어디선가 구해 오신 좁쌀 한 되가 들려있었어.

어머니께서는 그걸로 우리에게 좁쌀죽을 끓여주셨지. 덕분에 그 날 저녁은 온 가족이 모처럼 끼니를 거르지 않았어. 그때 먹었던 좁쌀죽이 정말 맛있었지…. 그러니까 끼니를 거르지 않는 것만도 감사하게 생각해야 된다.[38]

---

38 앞의 책, 58쪽.

석방되어 '기독신보' 이어 '신생명' 활동

박동완은 1921년 11월 4일 마포 경성감옥에서 출감했다. 2년형의 만기 출감이었다. 1919년 3월 1일 구속되었으니 실제로는 2년 8개월 만이다. 혹독한 고문으로 육신은 만신창이가 되었다.

3·1혁명 1주년이 되는 1920년 3월 1일 경성감옥에서는 민족지사들의 주도로 옥중만세 소동이 벌어졌다. 이날 정오가 되자 3·1혁명의 수인囚人들은 물론 공장에서 일하고 있던 일반 기결수들까지 일제히 일손을 멈추고 독립만세를 외쳤다. 1천 7백여 명이 부르는 만세소리가 이웃 공덕동 일대에 번져 마을주민들도 따라서 만세를 불렀다. 이 사건으로 이갑성·오화영 두 사람이 벌감에 갇히고 박동완 등 민족지사들은 심한 매질을 당했다.

박동완이 석방될 때 이승훈 등은 아직도 감옥에 갇혀 있었다. 형기가 남아 있었기 때문이다. 반년쯤 더 옥고를 치러야 했다. 당시 경성감옥에는 2백 명이 넘는 이른바 정치범이 갇혀 있었다. 그는 이들을 두고 출옥하는 심사가 결코 편치 않았다.

지금 조선의 각처 감옥에는 만 명이 넘는 사람이 갇혀 있고 내가 있던 경성감옥만 보아도 여러 해의 징역 선고를 받은 사람이 이천 명이나 되고 그 중에 정치범만 해도 경성감옥에 이백 명이나 되며, 각처의 감옥을 합치면 또한 수천 명에 이를 것이라. 그러므로 이와 같이 많은 동포형제가 현재의 감옥제도 아래에서 낮으로 밤으로 얼마나 고통에 신음하는지 생각하면 실로 뼈가 저린 일이다. 따라서 어떻게 하든 약간이나마 그 고통을 줄일 수가 있다면 이 많은 동포에게는 실로 작지 않은 행복이 될 것이라.[39]

　박동완은 고문의 후유증으로 바른 팔을 제대로 쓸 수가 없었다. 그래서 집필도 어려웠다. 엎친 데 덮치는 격으로 부모의 유산으로 받았던 부동산이 경성지방법원에서 올린 경매로 헐값에 매각되어 경제적으로도 극도의 어려움을 겪게 되었다. 일제는 독립운동가들의 활동을 제한하고자 물적 기반을 옥죄었다.

　출감 후 '민족대표'의 위상은 처신이 쉽지 않았다. 국민들은 여전히 외경의 마음으로 지켜보고, 총독부는 '불령선인'으로 낙인찍어 일거수일투족을 감시했다. 그만큼 행동거지에 조신해야 하고, 언행에도 신중하지 않을 수 없었다. 본인은 물론 가족에게도 힘든

39　이승훈, 「감옥에 대한 나의 주문」, 《동아일보》, 1922년 7월 29일.

삶이 계속되었다. 그럴수록 설움과 아픔을 다독이며 미완으로 끝난 3·1혁명의 역사를 곱씹으면서 신앙심으로 버티었다.

출옥 후 6개월쯤 지난 1922년 4월《기독신보》에 복귀했다. 전임 주필 최상현의 사임으로 다시 편집인이 되어 제작과 경영의 책임을 맡았다. 총독부의 간섭과 감시가 갈수록 심해져서 견디기 어려웠다. 33인 민족대표들은 그들에겐 눈엣가시와 같은 존재였다.

그 무렵 국내 유일한 민족자본 출판사인 조선기독교 창문사에서 발간하는 잡지《신생명新生命》이 경영상 어려움에 빠지자 박동완은 이쪽으로 자리를 옮겼다. 이 잡지는 1923년 7월 16일 창간되었다.

기독교 창문사는 1921년 8월 31일 윤치호, 이상재, 유성준, 이승훈, 김석태, 박승봉, 최병헌, 김백원 등 당시 사회적으로나 교회적으로 유력한 신도들이 중심이 되어 기독교 서적을 전문으로 출판하는 주식회사 광문사廣文社를 창설한 바 있었는데 그것을 1923년 1월 30일에 기독교 창문사로 명칭을 바꾸고 사장 이상재, 전무 박봉서가 취임하면서 첫 사업으로 시작한 것이 월간《신생명》이었다.

그러므로 당시 하나밖에 없던 한국 선교사회현 대한기독교서회가 선교사들의 재정으로 주로 선교사들의 글을 펴내는 데 반해 기독교 창문사는 한국인의 재력과 글로 문서선교 운동을 펴보자는 정신으로 한국인들이 세운 출판사라고 말할 수 있다.

그러므로 지면도 당시로서는 124면이라는 파격적인 지면에 일찍이 《창조》 동인으로 신문학 도입에 앞장선 소설가 전영택을 주간으로 하고 역시 당시 최고의 지식인으로 손꼽히는 채필근, 송창근, 임영빈, 방민근, 최상현, 이은상, 김필수 등이 필진이 되어 종교, 철학, 문학 등의 무게 있는 글을 발표하고 있었다.[40]

그는 비교적 안정된 《기독신보》를 떠나 민족자본으로 설립된 《신생명》을 살리고자 주간을 맡았다. 창간 후 1년이 지나 《신생명》은 전영택이 편집 겸 주간의 자리를 떠나고 경영이 어려워지면서 박동완을 초청한 것이다.

《신생명》 제5호 1923년 11월 발행 는 경찰에 의해 발매금지되고, 제10호 1924년 4월호에 전영택이 기고한 글의 삭제를 요구했다. "우리는 죽으려 하는 조상나라를 위하여 붙들고 울고 부르짖고 있을 따름이외다. … 조선을 위하여 십자가를 높이 쳐들고 30만의 소리가 신생명이외다"라는 내용을 문제 삼은 것이다.

창문사에서 발간된 《신생명》은 소설가 전영택이 주간으로 있으면서 종교, 철학, 문학을 총망라한 다방면의 글을 비중 있게

---

40 윤춘병, 앞의 책, 146쪽.

다루었다. 당시 최고의 지식인들은 《신생명》의 지면을 통해 글을 발표했다. 박동완도 예외는 아니어서 근懂, 근곡懂谷, 근생懂生, 근곡생懂谷生 등의 필명을 사용하여 「그리스도 종교와 우리의 사명」, 「나의 맞고자 하는 예수」 외에도 여러 편의 글을 발표했다. 또한 높은 수준의 영어 실력을 근간으로 「영혼의 경매」라는 제목의 번역물을 연재하거나 「신을 사랑하여」라는 번역시를 발표했다. 《기독신보》에서 주필로 활동하면서도 《신생명》에 자신의 글을 틈틈이 발표했다.[41]

핍박 받으며 '신생명'에 기고

박동완은 여러 개의 필명으로 《신생명》에 많은 글을 썼다. 교회와 기독교신앙에 대한 계몽주의적 논설뿐만 아니라 무기력에 빠진 조선사회를 구원해낼 수 있는 각종 시론을 집필했다. 「그리스도의 종교와 우리의 사명」제20호에서는 "우리는 시대문명에는 뒤졌으나 영적 신앙에서는 결코 앞서나가는 민족"이라 하고, 제4호의 시론 「계급투쟁과 사회진화」에서는 자본주의와 계급투쟁

41　박재상 · 임미선, 앞의 책, 135쪽.

122

론을 다음과 같이 비판했다.

자본계급과 노동계급에서 일어나는 사회투쟁은 서로 호조^(互助)하는 정신과 사회봉사의 근로적 정신이 일어나서 자본주의자는 사리와 사욕을 채우는 불완전한 사회조직을 변경하며 노동계급은 투쟁으로써 파괴만을 주장하지 말고 진실로 이타주의의 상애정신^(相愛情神)이 내측으로부터 진인간성^(眞人間性)을 발굴할진대 사회에는 계급투쟁가 없는 이상적 새 사회를 이룸에 이를 것이라 하노라.[42]

그의 민족의식은 식을 줄을 몰랐다. 감리교 감독 웰치가 미국으로 돌아가면서 기자들에게 한국은 독립사상을 포기했으며, 조선은 점차 안정되어 물질적으로 향상되는 중이라며 지금은 그전의 평화를 되찾았다는 취지의 발언을 했다고 1924년 3월 19일자 《동아일보》가 보도했다. 마치 1908년 대한제국 외부 고문 스티븐스가 일제의 한국침략을 미화하는 발언과 유사한 내용이었다. 그는 장인환 · 전명운 두 의사에 의해 샌프란시스코 오클랜드역에서 처단되었다.

박동완은 분노를 삭이기 어려웠다. 기독교의 감독이란 자의

---

42 박동완, 「계급투쟁과 사회진화」, 《신생명》, 1924년 4월호.

저급한 발언에 국민의 분기가 터지고 청년회를 대표하여 진상조사에 나섰다. 이와 관련한 언론보도이다.

　야소교 북감리교 감독 미국인 웰치박사가 미국 샌프란시스코에서 신문기자에게 조선사람들이 지금은 독립사상도 없으며 안온한 상태로 있다는 것을 말했다는 실언문제에 대하여 경성에 있는 그 교회 엡윗청년회 대표자들이 재작일에 시내 종로 기독교청년회관에 모여서 그에 대한 의논이 있었다는 것은 재작지에 보도한 바와 같거니와,

　이제 그에 의한 내용을 소개하건대 지난달 21일 밤에도 역시 그들이 청년회에 모이어서 토의한 결과의 우선 실언문제가 사실인지 아닌지를 알아본 뒤라야 처리방침을 생각하게 될 것이라는 뜻으로 웰치 씨에게 직접 전보를 띄워 물어보는 것이 좋겠다는 것을 결의한 후,

　정동 엡윗청년회 대표 박동완 씨의 명의로 뉴욕에 있는 씨의 집으로 전보를 띄웠던 바 델라스란 곳에서 지난 30일에 정동 노불목사를 경유하여 박동완 씨에 도착한 씨의 대답인 암호전보에는 신문은 거짓말이다 나중에 편지로 자세한 것을 기별하겠다는 의미였음으로 설사 이 말이 신용할만하다 하더라도 어찌하여 그러한 헛소문이 났느냐는 것을 조사할 필요도 있음으로 어떠하든지 웰치 씨의 편지가 오기를 기다려서 다시 모여 의논하기로 결정하고 헤어졌는데 당일에 모인 각 대표는 정동 예배당의 박동완 씨를 비롯한 중앙, 동

대문 등 세 예배당의 대표 각각 두 사람씩 참석했다.[43]

박동완에게 웰치가 보내온 편지를 《기독신보》가 그대로 보도했고, 조선총독부에 의해 판매 금지되었다. 일제가 국제여론을 의식해서 웰치의 발언을 왜곡한 것이다.

박동완은 웰치감독 사건과 관련《신생명》에 쓴 글에서 "웰치감독의 실언문제는 다시 문제될 것이 없음은 이미 각 신문을 통해 보도했으나 웰치의 답변이 게재되었던 신문을 당국에서 다 압수하여 일반이 확지하지 못하고 매몰되어 버렸음은 유감"이라고 밝혔으며, 일제 당국의 의도적인 모함이 내재되어 있었음을 밝히기도 했다.[44]

상하이 임시정부 군무총장을 지낸 노백린 장군이 1926년 중국에서 병사했다. 안창호 등과 신민회를 조직하고 하와이로 건너가 국민군단을 창설한 데 이어 블라디보스토크에서 항일운동을 했던 열혈 애국지사이다.

국내에서는 1926년 2월 3일 중앙청년회관에서 노백린 추

---

43 《시대일보》, 1924년 4월 3일.

44 황민호, 「박동완의 국내민족운동」, 《한국독립운동사연구》 33호, 2009.

도회가 준비되었다. 박동완은 동분서주하여 이상재·홍명희·오세창·허헌·안재홍·한기악·신석우 등 각계 인사들과 발기인을 모으고 추도회를 열었다. 그는 독립운동가들에 각별한 애정을 갖고 있었다. 박동완이《신생명》에 쓴 글의 목록이다.

《신생명》에 게재된 박동완의 집필 목록

필명	연도 및 호수	제목
근생	1924년 4월, 제10호	계급투쟁과 사회진화
박동완	1924년 6월, 제12호	하기휴가를 어떻게 지낼까, 금년 하기휴가에 어떤 책을 읽을까(설문)
근생	1924년 7월, 제13호	인(人)의 세력과 성령의 세력
근생	1924년 7월, 제13호	영혼의 경매(10, 신앙수기 번역)
근생	1924년 8월, 제14호	신을 사랑하야(번역시)
근곡생	1924년 8월, 제14호	영혼의 경매(11)
근곡	1924년 9월, 제15호	살려는 의사
근생	1924년 9월, 제15호	하나 둘(번역시)
근생	1924년 9월, 제15호	영혼의 경매(12)
근곡	1924년 11월, 제17호	그리스도교의 감화력
근곡생	1924년 11월, 제17호	영혼의 경매(14)
근생	1924년 12월, 제18호	예수의 탄생하심
근생	1924년 12월, 제18호	영혼의 경매
박동완	1925년 1월, 제19호	신년의 조선 그리스도인
박동완	1925년 1월, 제19호	구약성서에 관한 메시아의 강림과 희망
근곡생	1925년 1월, 제19호	영혼의 경매(16)
근곡생	1925년 2월, 제20호	영혼의 경매(17)
근곡생	1925년 2월, 제20호	대구교회의 투쟁을 논하야
박동완	1925년 2월, 제20호	그리스도 종교와 우리의 사명

출전 : 황민호, 앞의 책, 321쪽

박동완은 주간을 맡아 제13호로부터 발행했다. 하지만 총독부의 압박으로 경영이 좀처럼 나아지지 않았다. 그는 이 민족 언론의 회생을 위해 애썼으나 1925년 4월 《신생명》은 제21호를 종간호로 결국 생명을 마치고 말았다.

'지성일관'의 신념, 총독부가 글 일부 삭제

박동완의 사유체계나 행동반경을 꿰뚫는 하나의 준칙이 있다면 그것은 '지성일관至誠一貫'이 아닐까 싶다. "지극한 정성으로 한결같다"는 의미에서, 그는 매사에 정성스럽고 처음과 마지막이 다르지 않았다. 믿음의 생활이나 민족문제와 관련한 활동에서도 변색하거나 퇴색하지 않았다. 이 같은 일관성은 하와이에서 소천할 때까지 지속되었다. 기독교적인 소명의식과 3·1혁명을 주도한 역사적 사명의식에서 비롯된 정신이 꾸준히 작동한 것이다.

'지성일관'을 주제로 논설을 쓰기도 했다. 일제가 조선인 우민화정책을 펴면서 한국기독교를 점유하고자 온갖 수단방법을 동원하고 그 일환으로 일본 조합교회를 국내로 끌어들여 한국교회를 흡수하려는 공작이 진행되었다.

이 같은 시기인 1922년 당시 기독청년회 기관지《청년》의 편집인 한석원이 박동완을 비롯하여 길선주 · 김창준 · 박희도 · 신석구 · 이필주 · 정춘수 등 기독교계 민족대표 7인을 포함 저명인사 20인의 글을 모아『종교계제명사강연집』을 간행했다. 일제의 한국기독교 말살책에 대응하여 한국기독교의 정체성을 지키려는 시도였다.

박동완은 여기에 「지성일관」이란 주제의 글을 실었다. 총독부의 검열과정에서 일부 내용이 삭제당하기도 했다. "박동완은 헤라클레이토스식의 만물은 유전하며 진리 또한 고정될 수 없다는 사고를 정면으로 논박하고 하나님의 말씀은 시공을 초월하여 모든 사상과 행위의 절대적인 잣대^{Criterion}가 된다는 항존적 진리관을 천명했다."[45] 그는 이 글에서 기독교인들은 영구한 진리를 탐구할 것을 강조한다. 이 대목이 검열과정에서 일부 삭제되었다.

첫째로 우리가 잇는 도(道)는 이것이 과연 영구히 변함이 없는 진리냐 하는 것을 연구하여야 할 것입니다. 아무 연구도 없이 예수교에 뛰어 들어오는 사람은…(삭제 부분) 그렇지만 고심참담한 이것

45 안수강, 「박동완 목사의 항존적 진리관 분석」, 한국실천신학회, 『신학과 실천』 69호, 2020.

이 진리일 것입니까? (중략) 머리가 떨어지는 한이 있더라도 그것은 변하지 아니할 것입니다.

둘째로는 나의 언행 즉 나의 말과 나의 행실이 과연 하나님의 뜻에 적합한가 하는 것을 확실히 깨닫는 것입니다. 이것이 하나님의 뜻에 적합하다는 확실한 믿음이 있을 것 같으면 무엇이라 책할지라도 그것은 변할 것이 아닙니다.(중략) 자기가 이 진리 위에 섰다 할 것 같으면 무슨 방해라든지 무슨 고장을 말하더라도 관계할 것 없이 앞으로 진행할 것뿐입니다. 혹 동리에서 절교를 당할지라도 해야 할 것입니다. 그러다 자기가 죽은 후에는 절교했던 촌락 사람들이 자기의 무덤 앞에 화환을 드리며 실로 의로운 사람이었다, 참 사람이었다는 마음으로 칭찬할 게 명백한 일입니다. 오늘 우리 조선사회에서 자기가 믿는 바를 이루겠다는 신령한 사람들이 많이 일어나기를 고대하는 것입니다.[46](현대문 정리)

'진리'는 "목이 떨어지는" 즉 목이 잘리더라도 지켜야 한다는 것, 그리고 설혹 이웃에 의해 절교를 당하더라도 의를 지켜 수행하면 사후^{역사}에라도 반드시 평가를 받게 된다는 의지이고 격려였다. 당시의 참혹한 상황에서 에둘러 쓴 글이지만 혼과 맥이 통

---

46 앞의 책 글, 재인용.

하는 내용이다. 때문에 총독부의 칼날이 이를 놓치지 않았을 것이다.

박동완은, 하나님의 말씀인 성경은 참과 거짓, 선과 악, 정의와 불의를 구분 짓는 유일불변의 잣대라고 천명했고 한국 기독교인들이 순교적인 자세로 하나님의 말씀을 수호하여 실천할 것을 호소했다. 성경을 항존적 진리로 증언하여 권위를 높인다고 해서 결코 신자들의 자유가 억압받거나 박탈되는 것은 아니다. 오히려 성경의 권위가 강조될수록 삶이 지닌 난제들을 해결할 수 있는 가능성이 향상되며 다양한 난관을 극복함으로써 참, 선, 정의가 역동적으로 고조되고 행복한 삶을 영위할 수 있게 된다.

박동완은 이 항존적 진리를 한국사회 후손들에게 길이 전수함으로써 향후 한국 땅에 하나님의 공의가 실현되고 의롭고 평화로운 날이 도래할 것을 고대했다. 민족대표 33인 중 한 분으로 항일정신과 민족의식이 남달랐던 그는 한국 기독교인들이 하나님의 말씀 위에 바르게 서기를 소망했고 하나님께서 은혜를 베푸셔서 한국의 장래를 이끌어주실 것을 염원했다.[47]

---

47 앞의 책.

'재만동포옹호동맹' 조직, 현지조사활동

일본은 열도 내의 아이누족 합병 → 류우쿠 합병 → 타이완 합병 → 대한제국 병탄에 이어 만주를 넘보기 시작했다. 만주에는 구한말 이래 많은 한인이 이주하여 살고 있었다. 봉오동·청산리대첩을 비롯하여 각종 무장항일전이 가능했던 배경이고, 항일전은 여전히 계속되고 있었다.

1925년 6월 11일 조선총독부 경무국장 미쓰야 미야마쓰와 중국 동삼성의 지배자 장작림은 만주에서 한인독립운동을 막으려는 목적으로 일본이 요구한 '미쓰야 협약'을 맺었다. 주요 내용은 장작림은 만주에서 한인 독립운동가를 체포하면 반드시 일본영사관에 넘길 것, 일본은 독립운동가를 인계받는 동시에 그 대가로 상금을 지불할 것, 상금 중 일부는 직접 체포한 관리에게 지불할 것 등이 규정되었다.

그 결과 장작림 부대의 강력한 독립군 검속으로 만주에 있던 우리 독립군은 크게 기세가 약화되고 일반 교민들까지 독립운동가 적발에 혈안이 된 중국 관리들에게 큰 피해를 입게 되었다. 그동안 우호적이었던 중국^{만주}인들은 한인과 독립군을 돈벌이 수단으로 삼았다. 한인들의 생활터전이 무너지고 수많은 교민들이 희생되었다.

만주에 있는 우리 백만 동포가 불행히 중국관헌에게 쫓김을 당해 지금 마치 바람 앞에 등불 같은 참담한 정경 가운데 있는 것은 이미 신문 지상으로 보아서 아시려니와 그 사실의 진경眞境을 금반 경성에서 개최된 재정위원회財政委員會에 직접 보고한 만주지역 감리사 배형식監理司 裵亨湜 씨의 말을 들은즉 우리는 뼈가 저리고 눈물이 앞을 가리게 됩니다.…(중략)… 우리는 이것을 잠시라도 참을 수가 없어 긴급히 금반 재정위원회로 모인 것을 기회로 하여 임시 재만동포위문회를 조직하고 …(중략)… 하늘을 우러러 부르짖는 가련한 동포의 애끓는 소리를 모든 형제자매에게 전하여 우리의 동포애와 인류애 그리스도의 사랑을 들어내도록 열성으로 찬성해 주심을 절망切望하나이다.[48]

국내의 민족운동 세력은 강 건너 불구경하듯이 하지 않았다. 1927년 12월 9일 조선교육회관에서 신간회가 중심이 되고 각 사회단체 대표들이 참석하여 '재만동포옹호동맹'을 창립, 안재홍을 위원장으로 선임하고, 박동완과 윤치호가 중앙상무위원으로 뽑혔다.

박동완은 현지 조사를 위해 특파원 자격으로 이도원과 함께

---

48 《기독신보》, 1927년 12월 21일.

1월 17일 열차편으로 안동현, 봉천, 장춘, 길림, 하얼빈, 해림 등 각 지방을 답사했다. 봉천에서는 만주조선인대회 상무집행위원들과 회견하고 중국 책임 당국과 각 언론기관을 방문하여 야만적인 조선인 학대를 중지할 것을 촉구했다.

2월 7일 무사히 귀환한 박동완과 이도원은 13일 수표교 회관에서 보고대회를 열고 그간의 활동 상황과 향후 대책을 논의했다. 당시의 언론보도이다.

시내 수표정에 있는 재만동포옹호동맹에서는 13일 오후 4시 반에 그 회관 안에서 중앙집행위원회를 열고 만주특파원 박동완, 이도원 양씨의 조사한 보고를 들은 후 다음과 같은 모든 사항을 협의 또는 결의를 하였다더라.

一. 만주조선인 문제는 객년에 비하여 소강상태에 들어갔으나 금후 항상 곤란한 문제가 지속될 것으로 인함.

一. 이에 대한 구체적 대책은 기정한 중국입적 기회의 방침에 의하여 하되 상무위원회에서 필요한 방법은 강구하여 적의한 기회에 부회에 제안케 함.

一. 동정금은 00수집하되 그의 처치^(處置)는 아직 보유함.

一. 본 동맹은 지방동맹과 구별하기 위하여 '재만동포옹호동맹

중앙부'로 칭하고 전조선 통일적 민활을 기함.[49]

박동완은 일제와 만주군벌의 합작으로 재만동포들의 위기를 구출하고자 신변의 위험을 무릅쓰고 현지 조사를 다녀오는 등 당시 국내의 민족운동가 누구 못지않은 활동을 멈추지 않았다. 따라서 총독부의 감시가 더욱 심해지고 뒤쫓는 시선이 많아졌다.

흥업구락부 등 민족운동에 앞장

총독부는 '문화정치'라는 이름 아래 1921년 5월 이광수를 중국에서 회유·귀국시키고 이해 6월 복역 중인 최린과 최남선을 가출옥시키면서부터 '실력양성', '참정권청원'또는 자치청원, '민족성 개조' 등 '민족개량주의'의 슬로건을 내걸고 민족주의 우파 세력에 대한 선무·회유에 들어갔다.

일제는 우파인사들과 친일단체들에게 '공존공영' '일선융화' '참정권획득' 등의 기만적 슬로건을 표방케 하면서 이들에게 '민족개량주의' 사상을 침투시켜 일제에 타협하고 협력토록 했다.

---

49 《중외일보》, 1928년 2월 15일.

혹독한 무단총칼통치보다 이와 같은 '개량정치'가 민족주의자들에게는 더욱 견디기 어려웠다. 민족의 정신을 말살하는 책략이었기 때문이다. 총독부의 통치가 교활해지면서 조선사회는 숨 막히는 공동묘지처럼 변화되었다. 박동완은 《신생명》을 떠난 후 한동안 생계 수단으로 동서문안 경성공업사에서 일했다. "박동완 선생은 그간 기독신보사 주필로 계시다가 7월부터 창문사에서 발행하는 신생명을 주간하여 왔는데 모든 것에 뜻과 같이 아니 되어 붓을 버리고 약 1개월 전부터 동서문안 경성공업사에서 일을 보신답니다."[50]

박동완은 일체의 글쓰기를 중단하고 직접 민족운동에 뛰어들었다. 그동안 몸담았던 언론사를 벗어나서 경성공업사에 적을 두고 일했던 것은 흥업구락부와 모종의 연관성이 있어 보인다. 그가 경성공업사에서 일하기 시작한 시기와 흥업구락부가 결성된 시기가 동년으로 몇 개월 차이가 나지 않기 때문이다. 그는 3·1혁명으로 큰 타격을 입은 YMCA 부흥운동, 흥업구락부 활동, YWCA가 추진한 금주·금연운동, 조선민립대학 기성회 참여, 병탄 이후 급속히 들어온 일본산 상품으로 민족산업이 붕괴되자 조선물산 장려운동 등 당시 전개된 각종 민족운동에 빠지

<hr>

50 《동아일보》, 1925년 10월 4일.

지 않고 참여했다. 더러는 핵심적인 역할도 맡아 했다.

이 시기에 그는 특히 물산장려회 이사, YMCA 연합회 농촌부 위원, 중앙YMCA 교화진흥연구중앙위원 등으로 맹활약했다. 또 1921년 11월 신문·잡지의 발행인 편집·기자 등 언론활동에 종사하는 사람들로 조직된 무명회無名會가 결성될 때 큰 역할을 했다. 조선인의 언론자유 신장과 회원의 권익옹호를 내세우고 신문·잡지의 검열 및 허가제도 철폐에 앞장섰다. 하지만 노력에 비해 성과는 총독부의 철벽을 넘기 쉽지 않았다.

무명회는 회원 자격을 "민중의 정신과 배치되지 아니하는 언론인"으로 규정하여 총독부기관지《매일신보》기자들은 회원에서 배제시켰다. 또 1925년 4월에는 한국초유의 '전조선기자대회'를 여는 등 일제와 힘겹게 싸웠다. 그는《기독신보》와《신생명》편집인의 자격으로 참여했다.

박동완은 1925년 3월 23일 사직동 신흥우 집에서 이상재·구자옥 등 기독교 유력 인사들이 조직한 흥업구락부에 초창기부터 참여했다. 명칭을 실업단체로 위장하고자 흥업이라 취한 것이고 실제로는 독립운동의 비밀결사였다. 초대 부장에 이상재, 회계에 윤치호·장두현, 간사로 이갑성·구자옥이 선출되었다. 흥업구락부는 여섯 가지의 사업목표를 설정했다. ①민족관념을 보급하고 조선독립을 도모할 것, ②단체적 행동을 위한 필요상 단체의 지도자에게 복종할 것, ③산업의 발전과 자급자족에 노력할 것, ④ 계급 및 종교 지방적 파벌을 타파하고 민족적으로 대동단결할 것, ⑤ 목적을 설명하여 상대방을 선도하고 열복悅服시켜 동지를 획득할 것, ⑥ 교화사업에 노력할 것, 즉 학교·문화단체로 하여금 민족적 계몽강연회를 개최할 것 등이다.

기독교 장로와 목사 및 학교직원 기타 사회유력자로 구성된 흥업구락부는 산업부흥과 회원들의 복지향상을 도모하는 친목단체로 위장하면서 해외에 있는 독립운동가들에게 자금을 보내주었다.

흥업구락부 회원들은 13년여 동안 재미한인독립운동단체인 동지회와 밀접한 연락을 맺으며 활동을 하다가 1938년 5월 미국에서 돌아온 윤치영을 취조하던 일경에 덜미가 잡혀 핵심간부 54명이 구속되었다. 이때 박동완은 하와이에 있었기에 화를 면할 수 있었다.

일제당국자들은 이 사건의 중심인물들이 모두 유식 지도자계급의 인물들로 사회적 영향력을 가지고 있었으므로 이 사건을 계기로 이들을 '전향'시켜 그들을 전쟁협력자로 역이용하고자 온갖 위협과 회유를 했다.

이러한 그들의 의도는 "다수 유식인사를 사회적으로 매장해 버리지 말고 총후활동銃後活動에 자발적 협력을 하게 하여 충량

한 제국인민으로서 갱생시키는 것이 각반의 정세로 보아 가장 적절 타당한 것으로 믿기 때문에… 경무당국 에서도 사건의 취급에 관해서는 특히 유의하여 장래에 사건관계자의 갱생과 활약을 간절히 희망하고 있는바…"라고 하는 미하시三橋 경무국장의 말에 잘 나타나 있다.[51]

일제는 이들 중 상당수 인사를 친일로 '전향'시켜 앞장이로 활용했다. 이로부터 전향자가 속출하고 국내 우파 민족진영이 허물어지는 계기가 되었다.

흥업구락부원의 주요경력(1925~26년 현재)

성 명	주요경력
이상재	독립협회 부회장, 중앙 YMCA 교육부 위원장, 중앙 YMCA 총무, YMCA 연합회 위원장, 조선교육협회 회장, 민립대학기성회 위원장
윤치호	독립협회 회장, 한영서원 교장, 청년학우회 회장, 중앙 YMCA 총무
유성준	중앙학교 교장, 충북 도지사, 민립대학기성회 상무위원, 물산장려회 이사장, YMCA연합회 농촌부 위원
신흥우	배재고보 교장, 중앙 YMCA 이사
이갑성	3·1운동 민족대표(장로교), 민립대학기성회 집행위원, 물산장려회 이사
오화영	3·1운동 민족대표(감리교), 중앙 YMCA 종교부 위원장

51 김승태, 「흥업구락부」, 『한국독립운동사사건(7)』, 701쪽, 독립기념관, 2004.

박동완	3·1운동 민족대표(감리교), 물산장려회 이사, YMCA연합회 농촌부 위원, 중앙 YMCA 교화진흥연구 중앙위원
홍종숙	중앙 YMCA 이사, 중앙 YMCA 교화진흥연구 중앙위원
구자옥	YMCA 연합회 도시부 위원
안재홍	중앙학교 학감, 중앙 YMCA 교육부 간사, 조선사정연구회 회원
유익겸	조선사정연구회 회원
장두현	흥일사(興一社) 사장, 조선상업은행 감사, 인천미두취인소(仁川米豆取引所) 취체역, 광장주식회사 취체역, 경성융흥주식회사 취체역, 민립대학기성회 회금보관위원, 물산장려회 이사
정춘수	3·1운동 민족대표(감리교), 중앙 YMCA
신석구	3·1운동 민족대표(감리교)
신흥식	3·1운동 민족대표(감리교)
김영섭	동지회 간부, 뉴욕 한인감리교회 목사
김일선	중앙 YMCA 회우부 간사, 민립대학기성회 회금 보관위원, 인창의숙 이사장
홍병덕	중앙 YMCA 교육부 간사, 중앙 YMCA 교화진흥연구 중앙위원
이건춘	중앙 YMCA 회원부 간사
이상협	매일신보 편집장, 동아일보 편집부장, 민립대학기성회 발기인
김동성	동아일보 조사부장, 범태평양기자대회 부회장
김준연	조선사정연구회 회원
조정환	조선사정연구회 회원
최두선	조선사정연구회 회원
정대현	민립대학기성회 발기인
박승철	조선신작장려계 회원, YMCA학교 동창회장, 조선사정연구회 회원
김윤수	동양물산주식회사 상무취체역, 범태평양상업대회 부회장, 민립대학기성회 회금보관위원, 물산장려회 이사
이정범	범태평양상업대회 참석
최 남	조선상업은행원, 조선일보 기자, 덕원상점 사장
구영숙	감리교 전도사

출전: 성태, 「1920~1930년대 동우회·흥업구락부 연구」, 《한국사론》 28, 234~235쪽, 1992.

8.

민족운동에 나서다

'문화정치' 내세우며 조선민족 말살 시도

1920년대 초 일제는 무단통치만으로는 조선을 효과적으로 지배할 수 없다는 정무적 판단으로 이른바 문화정치를 표방했다. 외형상의 유화정책을 통해 조선민중의 저항의지를 삭이는 한편 민족운동을 분열·약화시키려는 고도의 식민지 지배정책이었다. 그리고 본격적으로 친일파 양성책을 폈다.

새 총독이 된 사이토는 「조선 민족운동의 대책」에서 친일파 양성대책으로 ① 일본에 충성하는 자들을 관리로 임용한다. ② 신명을 바칠 인물을 물색하고 이들을 귀족·양반·유생·부호·실업가·교육가·종교인들에게 침투시켜 친일단체를 만든다. ③ 각종 종교단체에 친일파를 최고지도자로 만들어 어용화한다. ④ 친일성향의 민간인들에 편의와 원조를 제공하고 수재교육의 이름 아래 친일지식인을 대량 양성한다. ⑤ 양반 유생으로 직업이 없는 자에게 생활방도를 마련해주고 이들을 민정정찰에 이용한다. ⑥ 조선인 부호에게는 노동쟁의·소작쟁의를 통해 노동자·농민과의 대립을 인식시키고 일본자본을 도입하여 연계를 맺고 매판화시켜 일본 측에 끌어들인다. ⑦ 농민을 통제·조종하기 위해 전국 각지에 유지가 이끄는 친일단체를 만들어 국유림의 일부를 불하해주고 수목채취권을 주어 회유한다.

일제는 이 같은 정책으로 대지주·매판자본가를 육성하거나 결탁하여 대정친목회·유민회·교풍회·대동동지회·대동사문회·유도진흥회·조선인소작상조회·상무단·조선불교교우원 등 각종 친일단체를 만들었다. 이들은 친일여론조성·민족운동에 대한 각 분야에 친일세력을 확대시키고 민족분열을 획책했다.

뿐만이 아니었다. 조선총독부는 1925년 5월 치안유지법을 공포, 단체를 조직하거나 가입하기만 해도 처벌토록 했다. 사상범^{독립운동가}은 사형까지 내릴 수 있고, 치안유지법을 위반하여 가족이나 친구가 도울 경우에도 처벌했다. 또 예방구금령을 통해 이 법을 위반할 우려가 있다는 이유만으로 사전에 구속할 수 있었다. 민족운동가들이 옴짝달싹하지 못하도록 만든 것이다.

사이토는 1919년 8월 조선총독으로 부임할 때 서울역에서 강우규 의사의 폭탄세례를 받았으나 간신히 살아남았다. 그래선지 그의 조선통치는 '문화정치'라고 내세우는 구호와는 달리 조선민족의 정신을 죽이고 생활터전을 파괴시키는 데 모아졌다. 한 연구가의 분석이다.

1. 약간의 조선인 관리를 등용함으로써 이 방면에 관한 불평을 제거하고 그들의 지배기구 확대강화를 도모할 것.
2. 자문위원제·지방자치제를 개설하여 유지·유식불평자들

을 그 일당(一堂)에 끌어들이고, 제1차 세계대전 후 세계적 정치사상 풍조의 하나였던 입헌민주정치이념과 그 운영방식에 관한 토론에 열중하게 함으로써 그들의 시간과 정력을 이 방면에 소모하게 하고, 또한 조선통치에 관한 불평을 들어주는 척하여 그들을 회유함과 동시에 대비하며, 그리하여 또한 약간의 권위와 이권을 던져줌으로써 이른바 그들이 자연 총독정치의 협력자가 되게 만드는 것.

3. 조선인 일반이 갈구하여 마지않는 학교시설을 점차 확충하여 일본 교육을 강화함으로써 민족사상과 민족문화를 말살하고 일본역사 · 일본정신 · 일본어를 주입 강요하여 조선인 자손들을 반(半)일본인으로 만들자는 것.

4. ① 경제수탈을 급히 하여 제1차 세계대전 하의 물가상승으로 약간 윤택해진 조선인 경제를 고갈 핍박하게 만들며, ② 특히 가격정책과 유통경제면의 조작으로 조선인의 고혈을 착취하여 조선인 일반을 생활난의 고해에서 헤매게 하며, ③ 토지조사사업의 여택에 의하여 현대적 거대지주가 된 조선인 지주들의 토지를 미곡거래소의 공개도박 개장 등으로 수탈하자는 것.

5. 임야조사사업으로 조선의 산 총면적의 3분의 2를 수탈하여 그 1을 조선총독부가 관리하고 그 1을 일본인들에게 넘겨줌으로써 국토의 3분의 2를 그들이 차지하자는 것.

6.그 모든 시책하에 조선인 일반이 조선 땅에서 살아나가지 못

하게 만듦으로써 조선인을 만주 방면으로 내쫓고 일본인을

조선에 이주시키자는 것.[52]

민족협동전선 신간회 창립주도

1927년 2월 15일 민족주의계열과 사회주의세력이 연합하

여 〈민족단일당 민족협동전선〉이라는 표어 아래 합법적인 항일

운동 단체로 신간회를 창립했다. 처음에는 신한회新韓會 라는 명

칭을 썼으나 등록과정에서 총독부가 한韓 자 표기를 거부하여

같은 뜻의 간幹 자를 쓰게 되었다. 박동완은 여기에 참여하여 주

요한 역할을 했다.

1920년대 후반기 국내의 민족해방운동은 민족주의계열과

사회주의계열의 두 갈래로 전개되었다. 이에 연합 또는 통합하

라는 국민의 여론이 빗발치는 가운데 민족협동전선으로 신간

회가 창립되었다. 존속기간은 4년여에 불과했으나 전국적으로

120~150여 개의 지회와 해외 지회를 두었으며, 회원 수만 2만

---

52 문정창, 『군국일본 조선점령 36년사(상)』, 295~296쪽, 백문당, 1965.

~4만여 명에 이르렀다.

민족운동 대표기관의 설립이라는 연례의 염원과 모색은 드디어 결실할 날이 왔다. 1927년 1월 돌연히 민족단일당 민족협동전선이라는 표어 아래 '신간회' 조직계획이 발표되고, 동년 2월 15일 그 창립을 보게 된 것이다. 그것은 민족주의를 표방하고, 민족·사회 양 주의자가 제휴한 공동전선이었고, 합법적인 결사운동으로 비타협적 투쟁을 감행하는 민족운동의 대표적 단체였다.(조지훈, 『한국민족운동사』)

신간회 발기인은 34명이었다. 홍명희·안재홍·신석우 등이 주도하고 기독교의 박동완, 불교의 한용운, 유교의 최익환, 천도교의 권동진, 여기에 중국 베이징에 있던 신채호도 홍명희의 서신 연락으로 참여하고, 초대 회장에는 이상재가 선임되었다. 다음은 신간회 발기인 명단이다.

신간회 발기인

권동진·김명동·김준연·김탁·문일평·박동완·박내홍·백관수·신석우·신채호·안재홍·유억겸·이갑성·이관용·이상재·이순탁·이승복·이승훈·이정·이정섭·이종린·이종목·장길상·장지영·정재룡·정태석·조만식·최신익·최원순·한기악·한용운·

한원건·홍명희(가나다순)

신간회는 1927년 1월 19일 발기인 대회에서 3대 강령을 채택했다.

1. 우리는 정치적, 경제적 각성을 촉진한다.
2. 우리는 단결을 공고히 한다.
3. 우리는 기회주의를 일체 부인한다.

신간회는 서울에 중앙본부를 두고 전국 각지와 일본 도쿄 등에 지회를 설치한 데 이어 여러 가지 민족운동을 전개했다. 중앙본부의 주요 민족운동을 살펴본다.

1. 민족협동조직의 확대운동
2. 국외 '한국독립유일당촉성회'에 대표 파견 시도
3. 실제 운동 당면과제 6항목의 발표
4. 전국순회 강연운동
5. 수재민 구호운동
6. 재만동포 옹호운동
7. 어부들의 권익보호 활동

8. 원산 총파업과 노동운동 지원

9. 함남 수력발전소 매립지구 토지보상운동

10. 단천 산림조합사건 지원운동

11. 갑산 화전민 방축사건 규탄운동

12. 태평양문제연구회의 참가반대운동

13. 언론·출판·집회·결사의 탄압규탄운동

14. 밀러박사(세계기독교지도자) 연설회 개최

15. 재일본 한국인노동자 송환항의운동

16. 광주학생독립운동 옹호·지원활동

17. 민중대회운동

18. 장풍 탄광노동자의 노동운동 지원

19. 사회 각 부문 민족운동의 정신적 지주

20. 학생부의 민족교육운동

　신간회가 창립되면서 한국과 일본에 산재한 크고 작은 사회
단체와 사상단체들이 자진 해체하고 유사단체들끼리 통합하거
나 신간회를 지지하고 산하 지회로 편입되었다. 신간회는 일종
의 정당구실을 했다. 1928년 12월 18일 도쿄지회에서 채택한
강령과 정책에서 신간회의 목표를 살필 수 있다.

강령

1. 우리는 조선민족의 정치적, 경제적 해방의 실현을 기한다.

2. 우리는 전 민족의 총력을 집중하여 민족적 대표기관이 되기를 기한다.

3. 우리는 모든 개량주의 운동을 배격하며 전민족적 현실적 공동이익을 위하여 투쟁하기를 기한다.

정책

1. 언론·집회·출판·결사의 자유

2. 조선민족을 억압하는 모든 법령의 철폐

3. 고문제 폐지 및 재판의 절대 공개

4. 일본인 이민 반대

5. 부당납세 반대

6. 산업정책의 조선인 본위

7. 동척(東拓) 폐지

8. 단결권·파업권·단체계약권의 확립

9. 경작권의 확립

10. 소작료의 공정(公定)

11. 소작인의 노예적 부역 폐지

12. 소년 및 부인의 야간노동, 갱내노동 및 위험작업의 금지

13. 8시간 노동제 실시

14. 최저임금·최저봉급제의 실시

15. 공장법·광업법·해운법의 개정

16. 민간교육기관에 대한 허가제 폐지

17. 일체 학교교육의 조선인 본위

18. 일체 학교 교육용어의 조선어 사용

19. 학생·생도의 연구자유 및 자치권의 확립

20. 여자의 법률상 및 사회상의 차별 철폐

21. 여자의 인신매매 금지

22. 여자의 교육 및 직업에 대한 모든 제한 철폐

23. 형평사원(衡平社員) 및 노복(奴僕)에 대한 모든 차별 반대

24. 형무소의 대우 개선, 독서·통신의 자유

임시집행부 부의장 등 책임 맡아

박동완은 신간회가 3·1혁명에서 다하지 못한 자주독립의 꿈을 이루고자 헌신했다. 임시집행부의 부의장과 전형위원·총무간사 그리고 지방에 설립된 지회를 안재홍·홍명희·신석우 등과 특파원으로 파견되어 격려하고 연설했다.

그는 우선, 1927년 8월 8일에 있었던 신간회 개성지회 창립
대회에 참석하여 신간회 취지에 관한 연설을 했고, 이어서 1927
년 10월 29일에 있었던 광주지회 창립대회에 참석하여 취지 설
명 및 신간회의 현황과 각 지회 분포상황을 보고했다. 뿐만 아니
라 1927년 12월 10일에는 경성지회 정기대회에서 임시집행부
의 부의장 및 전형위원으로 선출되어 중요한 일정을 소화했다.

또한 같은 달 20일에는 신간회 평양지회 창립대회에도 참석
하여 본부 대표로서 신간회의 취지연설을 했다. 이렇듯 박동완
은 신간회 창립 당시부터 조직, 운영과 핵심지부 설립에 있어 중
추적 역할을 감당했다.[53]

신간회에 참여했던 기독교계 인물

이름	생년	출신지	교육경력 및 활동	신간회 활동
이상재	1850	충남서천	독립협회,YMCA, 민립대학기성회, 흥업구락부, 현 조선일보사장	회장
김영섭	1888	경기강화	와세다대, 청산학원,YMCA, 흥업구락부	간사
김활란	1899	경기인천	이화여전, 보스턴대, YMCA, 흥업구락부, 근우회, 이화여전교수	간사
박동완	1885	경기포천	민족대표, 기독신보 주필. 흥업구락부, 재만동포옹호동맹	발기인, 간사

---

53 박재상 · 임미선, 앞의 책, 171쪽.

박희도	1889	황해해주	숭실중, 협성신학교,YMCA, 민족대표, 신생활사, 흥업구락부, 중앙보육원	간사
백관수	1899	전북고창	명치대졸,YMCA, 흥업구락부, 조선시정연구회 조선지회, 조선일보	발기인, 간사
안재홍	1891	경기평택	와세다대학,YMCA, 흥업구락부, 조선시정연구회 조선지회, 조선일보	발기인, 간사
오화영	1879	황해평산	협성신학교, 민족대표, 물산장려회, 흥업구락부, 조선민흥회	간사
유각경	1892	서울	북경 협화학교졸,YMCA 창설, 흥업구락부, 근우회 초대회장	간사
유억겸	1895	서울	동경대졸, 흥업구락부, 조선사정연구회 조선지회, YMCA, 연희전문 교수	발기인
이갑성	1889	경북대구	연희전문졸, 민족대표, 조선민흥회, 물산장려회, 흥업구락부	발기인
이동욱	1879		청산학원,YMCA, 흥업구락부, 물산장려회	간사
정춘수	1874	충북청부	민족대표, 조선민흥회, 물산장려회, 흥업구락부	간사
조만식	1883	평남평양	숭실중, 명치대졸, 민립대학기성회, 평야YMCA총무,평양물산장려회장	발기인
조병옥	1894	경기천안	숭실중, 콜롬비아대,YMCA, 수양동우회,조선사정연구회조선지회, 연희전문 교수	

출전: 황민호, 앞의 논문, 327쪽.

일제는 전국단위 규모의 신간회 활동을 방치하지 않았다. 총독부가 추진한 민족개량주의 노선을 기대했으나 조직과 활동이 반일주의로 기울자 분열 공작과 해체공작에 나섰다. 내부에서도 이념과 노선의 차이에 따라 차츰 해소론이 제기되었다.

1929년 11월 3일 광주학생운동이 발발하면서 신간회 간부들은 이를 민족·민중운동으로 확산시키기 위해 같은 해 12월 13일 민중대회를 개최키로 했다. 그러나 일제가 신간회 간부·회원 44명을 구속하면서 내부에 갈등이 심화되고 각 지회에서 해소론이 제기되었다.

신간회-지회의 해소론이 제기된 이유 중의 가장 근본적인 문제는 ① 신간회의 조직형태가 정당적 형태로 되어 있다는 점이고, ② 강령이 추상적이며 구체적 투쟁지침이 없어 오히려 노동·농민운동을 말살시킨다는 것이며, ③ 객관적 정세가 급격히 변했고 주체적 조건이 이에 조응하게 되었다는 것이다.

급격히 변한 정세란 1929년의 세계공황과 일본의 만주에 대한 침략을 말하는 것이고 주체적 조건의 성숙이란 전투화되고 일층 혁명화한 노동운동의 증대를 염두에 둔 것이었다. 이 세 가지 이유 중 앞의 두 가지는 신간회 내부에서 이미 1927년 말부터 논의되어 온 문제였고 세 번째의 정세 변화에 대해서는 이미 코민테른의 '9월테제'에서 이를 반영하고 있었다.

또한 각 지회에서 사용되었던 해소운동의 방향제시나 그 용어 등이 '12월테제'나 조선공산당 관계자들의 당 재건이론에서 사용되던 것과 동일했다. 따라서 해소론의 논리적 구조 또한 이들과 관계가 깊었다. 신간회 해소에 이론적 기초를 제기한 것으로 알려진 '12월태제'는 코민테른 제6회 대회의 '식민지의 민족혁명'이라는 의제에서 논의된 내용을 기초로 한 것이다. 그러나 '12월테제'에서도 코민테른의 민족·식민지에 있어서의 반제연합전선론의 의의는 변함이 없었다.(이현주, 「신간회」)

신간회는 1927년 2월 창립되어 1920년대 후반 국내 민족운동의 중추적인 역할을 수행하다가 4년 3개월 만인 1931년 5월 16일 해체될 때까지 국내 민족협동전선의 최고기관으로 활동했다. 국내의 민족주의자들과 사회주의자들의 이념적·사상적 차이에도 불구하고 대동단결하여 항일전선을 구축하고, 이후 좌우협동과 합작에 의한 민족유일당·민족단일당 결성운동 등에 큰 촉매제 역할을 했다.

다만 신간회 해소 과정에서 사회주의자들과 공산주의자들이 코민테른의 지시를 받고 그 지침에 따라 움직인 것은 애석한 일로 평가되었다. 박동완은 힘써 키워온 신간회가 분열상을 보이자 수습에 나섰으나 여의치 않고, 여기에 총독부의 개입이 심해지면서 1928년 고국을 떠났다.

9.

하와이 망명 또는 이민 · 이주

五
　욕졍이 비록 닝운용
유휴ᄒ야 여몰게 ᄒ지나노
셩션이 광ᄎ닷지 립ᄒ사
ᄆᆞᆼ욜 씨서 ᄆ케ᄒ면

四
　김은 구룸이 아모리
붉은히빗슬 가리운 자라도
팡뭉이 니러나 씽럽히 불면
　김은구룸 옷거 가고
　붉은히빗 다시 온다

三
　부유ᄀ갓튼 인셍 으로
이셰상을 춘몽속에 보내여
쌘구름파 흐로는 무읏혼
셰소에 춍깁히 싸ᄒ아
셔지못ᄒ는 인셍 몰아
　루덕 ᄒ다

二
　솔노문의 영화 로도
돌에 띈 빈압쏫만 못ᄒ엿고
꼿니엇의 조랑ᄒ던 용잉도
다헷의 문리돌 ᄒ나로
쳐이거여 멀힛도다
　조굼 말아

一
　연수히 피여 상밧던
붉은쏫도 가는비 부는동풍
수졍업시 부듸처 니르닛가
붓파 얼풀다 못되여
분수히 쩌러 젓고나
　붓지 말아

일제, 역사왜곡을 자행하고 남산에 신궁 세워

박동완이 기독교신앙을 바탕으로 민족운동과 사회활동을 치열하게 전개하던 1920년대 중반 일제의 지배체제와 압제의 양상은 더욱 강화되고 있었다.

총독부는 1925년 5월 치안유지법을 공포한 데 이어 6월에는 조선사편수회를 만들었다. 역사교육을 통해 일본 민족의 우수성을 입증하고 한국민의 민족의식을 말살하기 위해 조선총독부 직할로 설치한 것이다. 총독 사이토는 '조편수'의 설치에 앞서 '교육시책'이란 것을 발표했다. 즉 "① 먼저 조선사람들이 자신의 일·역사·전통을 알지 못하게 만듦으로써 민족혼·민족문화를 상실하게 하고 ② 그들의 조상과 선인들의 무위무능과 악행을 들추어내 과장하여 가르침으로써 조선의 청소년들이 그 부조를 경멸하는 것을 하나의 기풍으로 만들고 ③ 그 결과 조선의 청소년들이 자국의 모든 인물과 사적에 관하여 부정적인 지식을 얻어 실망과 허무감에 빠지게 될 것이니 그때에 일본 서적·일본 인물·일본 문화를 소개하면 동화의 효과가 지대할 것이다. 이것이 제국 일본이 조선인을 반半 일본인으로 만드는 요결인 것이다."라고 하면서 그 일환으로 조선사 편찬 작업을 서두르도록 한 것이다.

일제의 조선사 왜곡 날조는 이렇게 시작되었다. 그들이 조선사의 날조 왜곡에 얼마만큼 열중하고 비중을 두었는지는 '조편위'에 총독이 빠지지 않고 참석하고, 위원장을 정무총감이 맡았으며 총독부 주요 인물과 일본의 명성 있는 관학자를 위원으로 끌어들였다는 데서도 잘 나타난다. 한국인 사학자들도 동원했다.[54]

총독부는 1925년 10월 남산에 이른바 조선신궁을 만들었다. 한국의 기독교 세력을 탄압하고 전체 한국인을 일본인화 시키기 위해 우선 '일본종교'인 신사를 한국에 끌어들였다. 총독부는 1915년 8월 "신사는 국가의 종사로서 존엄한 우리 국체의 성립과 빛나는 국사의 발자취와 표리일체를 이루며, 경신의 본의를 명징하고 이 도의 흥륭을 꾀하는 것은 역시 국민 사상 함양상 간절하고 중요한 일"이라며 신사 사원 규칙이란 것을 발표하여 해외 식민지에 있어 천황제 지배의 상징으로서 신사 제도를 실시했다.

이런 이유로 하여 일제의 신사 제도가 전개되기 시작하더니 3 · 1혁명 직후에는 조선신궁 설립이 고시되고, 1920년 이른바 지진재地鎭齊 를 거행하고 한국의 주산主山 남산에 조선신궁을

54 김삼웅, 『일제는 조선을 얼마나 망쳤을까』, 235쪽, 사람과사람, 1998.

세웠다.

　일제강점 초기 기독교인들의 저항은 강력했다. 한국기독교인의 활약상은 3·1혁명 후 체포투옥자의 통계에서도 나타난다. 3, 4월 중에 피체된 사람은 1만9,000여 명인데, 이 중 기독교인은 3,373명으로 전체의 약 17%를 차지한다. 또 그해 6월 말 현재 투옥된 사람이 도합 9,456명이었는데 그중 기독교인이 2,033명으로 21%에 해당한다. 당시 국내의 기독교인을 30만 명으로 추산할 때 인구 2,000만 명에 비하면 1.3%에 불과한 숫자이다. 전체 인구의 1.3%에 해당하는 기독교인이 만세운동 주동세력의 25~38%, 초기 피체자의 17%, 투옥자의 21%를 차지한 것이다. 이것은 3·1항쟁 전체적 역량의 20% 이상이 당시 한국 인구의 1.3%에 불과한 기독교인들에 의해서 추진되었다는 것을 말해 주고 있다.

　조선총독부의 통계에 보면, 3·1혁명과 관련 파괴된 교회당이 47동, 일부 파괴 24동, 피해 41동이며, 1919년 6월 말 현재 투옥된 사람이 151명, 고문당해 죽은 신자가 6명이었으며, 기독교재단이 경영하는 학교 2동이 불타 없어졌다. 이와 같은 상황에서 일제는 한국기독교의 움직임을 예의 주시하면서 기독교와 민족운동의 연계를 차단시키기 위하여 온갖 음모와 공작을 서슴지 않았다.

일제는 병탄 초기부터 기독교를 적대시 내지 위험시했다. 한국을 지배하는 데 기독교가 장애물로 여겨졌기 때문이다. 이유는 일본의 고유 종교인 신도에 의해 뒷받침된 천황제에서 찾을 수 있다. 천황제가 지닌 국수주의적이고 침략주의적 성격, 그리고 현인신現人神 천황과 신도의식에서 엿볼 수 있는 종교적인 성격 모두가 한국 기독교와의 충돌을 불가피하게 만들었다.

일제는 신궁을 세우고 치안유지법을 통해 민족운동을 더욱 옥죄었다.[55]

한인교회 초청으로 하와이행

박동완은 시대를 절망하면서 '길이 없는 길'을 찾아 나섰다. 식민지 조선 사회는 마치 봉인된 병 속에 갇힌 물고기의 운명이었다. 그는 3·1혁명을 주도한 대표의 일원으로서 역사에서 부여된 책무를 다하기 위하여 국내에서 적당히 타협하며 안주할 수 있는 삶을 버리기로 작정한다. 바로 구도자의 신분으로 고국을 떠나기로 한 것이다. 시대를 내다보는 심원하고 예리한 통찰

55   앞의 책, 235쪽.

력은 아니라도 향후 국제질서는 미국이 큰 역할을 할 것으로 짐작되었다. 일본의 파충류적인 영토 야망은 중국을 넘고 더 나아가 태평양을 건널 것으로 관측되었다.

국내에서 신간회운동의 한계, 남산신궁 축성으로 상징되는 기독교 탄압 등 활동의 공간이 사라져갔다. 최남선이 1928년 총독부의 조선사편수회 촉탁이 된 것도 견디기 어려운 사건이었다. 점차 시들어가는 마음을 토닥거리며 찾는 길이 하와이 행이었다. 만주나 러시아는 고문의 후유증으로 육신이 추위를 버티기 어려웠다.

그가 망명 또는 이주·이민의 지역으로 하와이를 택한 것에는 연고도 있었다. 이제껏 열성으로 활동해온 흥업구락부는 이승만이 조직한 미주 대한인동지회의 자매단체 성격을 갖고 있었다. 대한인동지회는 1921년 7월 하와이 호놀룰루에서 설립되었다. 국내에서 흥업구락부가 결성되기 전, 그러니까 그가 《기독신보》 주필이던 1923년 6월 하와이 거주 한인학생들의 고국 방문이 있었다. 이에 그는 「하와이 재류在留 우리 학생의 고국 내한에 대하여」란 사설을 썼다.

하와이 와히아와 한인기독교회에서 초청장이 왔다. 세워진 지 오래되었으나 전임목사가 없던 교회에서 담임목사가 되어 달라는 요청이었다. 하와이 한인들은 기독교인으로서 3·1혁명의 민족대표로 활약하고 출감 뒤에도 줄곧 민족운동에 헌신하고 있는 그를 주목했던 것이다.

마침내 좋은 기회가 찾아왔다. 1919년에 세워졌으나 9년 넘게 줄곧 시간제 목사가 시무를 대신하고 있던 하와이 와히아와 한인기독교회Wahiawa Korean Christian Church에 초대 담임목사로 부임하게 된 것이다. 당시 하와이의 민찬호 목사와 한국의 임두화 목사의 주선에 힘입은 바가 컸다. 하와이 동포를 대상으로 목회를 하고자 했던 것은 그의 오래된 숙원이기도 했다.[56]

박동완은 1928년 8월 25일 많은 동지들의 송별을 받으며 서울을 떠났다. "조선사회 각 방면으로 활동을 많이 하던 박동완 씨가 얼마 전 하와이 재류 동포들의 예수교의 목사가 되어 25일 임지 하와이를 향하여 동 오전 10시 10분 다수의 동지들의 송별리에 경성역발 경부선 열차로 발정發停 하였다더라."[57]

이로 미루어보아 그는 공개리에 미국행을 택했던 것 같다. 망명 · 이민 · 이주의 복합적인 모습이다. 총독부로서는 귀찮은 인물이 스스로 떠난다기에 방치했을 것이다. 그래서 여권이 발급되었다. 국내에서 언론 기고나 민족운동에 참여하여 물의를

---

56 박재상 · 임미선, 앞의 책, 69쪽.
57 《동아일보》, 1928년 8월 27일.

일으키는 것보다 이역 멀리 떠나는 것이 오히려 바람직했을 터이다. 막을 방법도 없었다. 일제가 가장 눈치를 봐야 하는 곳이 국제 기독교 세력이었다. 미국령 하와이의 교회에서 초청하는 일이라 개입도 어려웠다.

박동완은 서울역에서 기차로 부산에 도착하여 선편으로 45일이 지난 10월 8일 하와이에 도착했다. 가족을 남겨둔 채 홀로 떠난 길이다.

1919년 약 20명의 한인들에 의해 시작된 와히아와교회는 호놀룰루 한인기독교회의 분(分)교회 성격을 지니고 있었다. 엄밀히 말하면 한인기독교회는 일종의 독립교회로, 어느 교단에도 소속되지 않았다. 원래 호놀룰루의 한인감리교회 소속이었던 한인기독교회 교인들은 당시 한국학교 설립과 항일 독립투쟁을 위한 기금 마련에 힘을 쏟았는데, 교회의 기금이나 재산 등이 미국 감리교회 관할 아래 있었기에 제재를 받게 되었다.

이에 애국심이 강한 몇몇 교인들은 그러한 간섭을 피하고자 기존의 감리교회에서 이탈할 마음을 품었다. 이들은 그 전에 이미 같은 원인으로 교회를 떠나 있던 이승만 박사에게 독립교회의 설립을 제안했다.

이러한 정치적 동기로 인하여 1918년 호놀룰루 한인기독교회가 설립되었고, 그로부터 얼마 지나지 않아 오아후 섬의 와

히아와, 하와이 섬의 힐로, 마우이 섬의 파이아에 분교회가 서게 되었다.[58]

하와이 교포들에게 한글교육

43세 중년의 나이에 찾아온 하와이는 낯선 곳이었다. 육신은 고문의 후유증으로 성한 곳이 별로 없고 두고 온 가족에 대한 애틋함과 미안함이 가슴을 짓눌렀다. 민족운동을 함께해온 동지들과 신앙동료들 그리고 사나운 승냥이 밑에서 신음하는 동포들에게도 똑같은 심경이었다.

하와이 교포들의 따뜻한 환영을 받으며 담임목사로서 목회활동을 열심히 시작했다. 교포들의 생활은 국내와 별반 다르지 않았다. 파인애플 농장이나 사탕수수 밭에서 고된 노동을 하면서 생계를 유지하느라 여유가 있을 리 없었다. 그런 중에서도 고국의 불행을 걱정하는 마음은 여느 지역 교민들과 다르지 않았다. "그는 부임해서 첫 설교의 제목을 의도적으로 「포도나무 가

---

58 Barbara Kim Yamashita, 『와히아와 한인교회 역사 1919-1987』, 최영석 역, (하와이: 와히아와 한인교회, 1987), 1-2; 박재상, 임미선, 「근곡 박동원의 국내 및 하와이에서 행한 기독교민족운동」, 『현상과 인식』, 2019년 가을호에서 재인용.

지」로 정했다. 성경구절은 요한복음 15장 1절에서 11절까지였으며, 포도나무와 가지가 상징하듯 예수를 떠나서는 교회가 존재할 수 없음을 성도들에게 강조하였다.[59]

그의 '지성일관'의 신념은 하와이에서도 변하지 않았다. 그리고 나라 사랑의 정신은 장소가 바뀌면서 더욱 강해졌다. 그는 주일은 물론 평일에도 교포들의 집과 일터를 찾아 전도하고 한국말로 설교했다. 교포들에게는 큰 위안이 되었다. 그리고 교회 부속 한글학교를 운영하여 큰 성과를 얻었다.

박동완은 1929년 5월 11일부터 교회 부속 국어학교[이하 한글학교]를 운영했다. 한글학교는 그가 오기 전 이미 설립되어 있었다. 그해 1929년 12월에는 와히아와교회 한글학교를 오하우섬에서 가장 큰 한글학교로 발전시켰다. 그가 얼마나 한국어 교육에 열정을 쏟았는지 당시 그에게 직접 가르침을 받았던 학생들은 생생히 기억하고 있다.

그들의 기억에 의하면 박동완은 끝까지 혼자 살았으며 과묵하고 매우 엄격한 분이었다. 그가 와히아와교회에 부임했을 당시 하와이 교포들은 대부분 가난하게 살았다고 한다. 따라서 사례금을 받지 못하는 경우가 많았으나 그의 목회 열정을 꺾기에

---

59 Barbara Kim Yamashita, 앞의 책, 6; 박재상, 임미선, 앞의 책, 192쪽에서 재인용.

는 역부족이었다.[60]

그는 하와이 군도 외딴 섬이나 오지를 찾아다니며 교포들에게 고국의 소식을 전하고 설교했다. 아무리 곤궁하여 새 삶을 위하여 이민을 온 처지이지만 고국이 그립고 동포가 그리운 것은 인지상정이다.

부임하자마자 와히아와 근처의 소부락을 왕래하며 전도에 열심을 다했던 박동완은 한국말로 예배를 보지 못하던 이웃 섬의 교포들에게도 복음을 전파했다. 그는 주일에만 설교를 국한할 필요가 없다고 생각했기에 '순회설교자'를 자처했다. 교통이 불편했던 당시의 사정을 감안했을 때, 한인교포들이 도보 혹은 배로 이동해 온 그를 얼마나 열렬히 환영했을지 상상이 간다. 그로 인해 와히아와교회는 나날이 부흥했다.[61]

박동완은 목사이면서 언론인이었다. 그리고 독립운동가이다. 그의 심중을 분해한다면 3분의 1은 기독교정신, 3분의 1은 민족언론, 나머지는 자주독립정신으로 구성되어 있지 않을까 싶다. 하와이 교포들에게 한글을 가르치는 데 열과 성을 다했다. 이역에서도 한민족의 정체성을 지키고자 하는 충정이었다.

60 박재상, 임미선, 앞의 책, 192~193쪽.
61 박재상, 임미선, 앞의 책, 193~194쪽.

교포들은 파인애플 농장이나 사탕수수 밭에서 고된 일을 하며 힘든 삶을 이어 나갔다. 하지만, 그의 목회 열정은 가난 앞에서 더욱 투지를 발휘했으며 현지에서 태어난 교포 2세들을 상대로 한글학교를 열어 하와이에서 모국어를 가르쳤다. 그들의 기억에 의하면 그의 한글교육은 아동에게만 국한된 것은 아니었다. 주일을 빼고는 매일 두 클래스로 운영되었으며, 첫 번째 클래스는 아동을 상대로, 두 번째 클래스는 어른을 상대로 수업을 했다. 그는 사망 전까지 계속 혼자 살았다.

이역만리 타국에서 고문으로 인해 몸이 성치 않았을 그가 혼자 살았다는 것은 결코 쉽지만은 않았을 것이다. 교육을 중시하던 그의 영향으로 당시 교회에 다니던 한글학교 학생들의 대학 진학률은 매우 높았다고 한다. 시골에 있었음에도 불구하고 실제로 그 교회 출신 중에서 하와이 주 대법원장이 나왔다고 자랑했다.[62]

---

62 박재상, 임미선, 앞의 책, 193쪽.

교회성장, 고국지원 나서기도

그가 하와이에 이주하여 목회와 한글교육을 시작할 즈음 미주 특히 하와이의 교포사회는 크게 분열되어 있었다. 하와이 8개의 유인섬에는 한인교포 6,500여 명이 살고 있었다. 대부분이 백인 소유 사탕수수농장 노동자로 일하고 자작농으로 성장하거나 도시로 진출하여 채소상, 재봉소, 이발관 등을 운영하고 상업에 종사하는 교민도 더러 있었다.

이승만은 1925년 상하이 대한민국 임시정부 대통령에서 탄핵되어 다시 하와이로 돌아와 재기를 노리고 있었다. 이에 앞서 하와이에서는 박용만의 무장투쟁론과 이승만의 외교활동론이 부딪히고, 교포조직인 대한인국민회가 두 쪽으로 분열되었다.

박용만의 초청으로 하와이에 들어왔던 이승만은《태평양잡지》를 발행하는 등 여러 가지 활동으로 주도권을 장악하고, 임시정부 대통령^{초기에는 국무총리}으로 추대되었으나 결국 임시정부 의정원에서 탄핵되기에 이르렀다. 이런 상황으로 하와이 교민사회는 분열상을 면치 못하고 있었다.

박동완은 이승만이 배재학당의 선배인데다 국내에서 흥업구락부의 간부로 활동하면서 이승만과는 각별한 연고가 있었을 것으로 보인다. 배재학당 시절에 두 사람의 관계는 알려진 기록이 없다.

이승만은 1930년 말 하와이에서 《태평양잡지》를 《태평양주보》로 이름을 바꿔 속간하는 한편 대한인동지회를 개편하여 자신이 종신총재로 추대 받았다. 상하이 임시정부가 이승만이 미주에서 주도하고 있던 구미위원부의 폐지령을 공포하자 그는 이에 맞서 한때 임시정부를 상하이에서 하와이로 이전할 계획을 세우기도 했지만 그럴 역량이 없었다.[63]

이승만은 여전히 하와이에서 막강한 위상을 보이며 활동하고 있었다. 그러나 박동완은 이승만과 일정한 거리를 두고 목회일과 한글학교 운영에만 열중했다. 그래서 교회는 크게 성장하고 국내에 지원하는 일도 하기에 이르렀다.

박동완이 담임하고 있던 와히아와교회의 교세를 1938년도 한인기독교회K.C.C. 연회에 보고된 상황을 기준으로 본다면, 장정교인 47명을 포함해서 교인이 200명이었으며, 주일학교 생도가 120명, 세례 아동이 121명, 국어학교 학생이 50명으로 교회 기지 가격은 4,500달러였다. 주일학교 교장은 최창덕 목사가 시무하고 있었다.

와히아와 교회는 성도들이 어렵게 살았음에도 불구하고 십

---

63 김삼웅, 『이승만평전』, 136쪽, 두레, 2020.

일조 중 일부를 한인 선교회에 보냈다. 그 돈은 선교회의 운영과 한국의 미자립 교회를 위한 기금으로 쓰였다. 박동완은 부인구호회를 활성화시켜 음식판매 등을 통하여 조국의 독립운동 자금도 조달했다. 제한된 수입과 지출로 인해 목사 월급이 미지급될 때도 종종 있었다. 하지만, 그는 독립운동 자금을 마련하는 데 있어 전혀 인색하지 않았다.[64]

---

64 이덕희, 『한인기독교회 · 한인기독학원 · 대한인동지회』, 박재상 · 임미선, 앞의 책, 195 쪽, 재인용.

10.

멈추지 않는 활동

一
연수히 피여 상밧던
붉은쏫도 가는비 부는동문
수정업시 부듸처 니르넛가
불과 열흘다 못되여
분수히 써러 젓고나
붓지 말아

二
솔노윤의 영화 로도
돌에쮠 민갑쏫만 못호엿고
끌니앗의 조당호던 용힝도
다윗의 문미돌 호나로
쳐이기여 멀힌노다

三
붓지 말아
조곰 말아
부유굿호 인싱으로
이세상을 훈봉속에 보내여
싼구름과 흐로는 물굿호
세소에 총깁히 씨호아
써지못호는 인싱 몰아
목덕 호다

四
김은 구룸이 아모리
붉은히빗슬 가리운 지나도
광몽이 니러나 공렬히 불면
김은구룸 옷기 가고
김은히빗 다시 온다

五
목졍이 비록 딘문율
유후호야 쌕돔개 ᄒ지나도
성션이 광즉ᄌ지 닉룡샤
ᄆ상율 씨서 ᄒ케ᄒ얀

병환에서도 목회와 한글교육 매진

에뜨랑제, 많은 사람이 지상낙원이라 부르는 하와이도 인종과 계급에 따라 천차만별이다. 자기 땅에 발붙이지 못하여 이민선을 타고 흘러온 한국인들이 이곳에 삶의 뿌리를 내려 2세가 성장하고 있었다. 부모들은 노동에 시달리고 자식들은 현지어로 소통하여 점차 모국어는 잊히고 있었다.

박동완은 이민사회의 이런 현상이 안타까웠다. 그래서 교회 일과 함께 한글 교육에 열정을 바쳤다. 오하우섬에 세운 국어학교에서 매일 두 차례로 나누어 한글을 가르쳤다. 첫 시간은 교포 어린이, 두 번째 시간에는 성인을 대상으로 했다. 그는 목사이면서 한글교사가 되어 교민들과 함께 했다.

그는 이들에게 스승이고 목자이며 든든한 버팀목이었다. 하지만 교민들은 여전히 가난했다. 교회에 십일조나 헌금을 제대로 내지 못하는 사람이 많았다. 그것은 목사의 월급이 없거나 적어진다는 의미다. 하여 끼니를 거른 채 잠자리에 든 날이 잦았다. 그런 중에도 급료 중 일부를 떼 내어 고국의 어려운 선교회에 보냈다. 기독교 정신과 애국심이 마르지 않았던 것이다. 가령 국내에 있을 때부터 인연이 있었던, 정신여학생들이 만든 수예품을 1929년 미국으로 수출하는 길을 텄다. 비록 몸은 조국을 떠나 있으나 마음만은 항상 조국과 동포에 가 있었던 것이다.

2년 쯤 지나면서 박동완의 몸은 몹시 쇠약해졌다. 1930년 11월, 고문의 후유증에다 이역만리 타향에서 혼자 살다보니 끼니를 제대로 챙겨먹지 못하면서 나타난 병세는 뇌경색이었다. 뇌의 혈행血行의 일부가 두절되는, 그러니까 뇌 조직이 연화하는 증세가 나타난 것이다.

그런 와중에도 박동완의 민족 얼은 하와이 교민사회에 뿌리를 내리고 싹을 틔웠다. 3·1절에는 한국의 고유명절인 설·추석과 함께 교민들이 교회에 모여 떡을 빚고 한국음식을 차려 나눠먹었다. 모두 한복을 입고 태극기를 들고 독립만세를 외쳤다. 독립선언서가 낭독되고, 33인 출신인 박 목사가 한국어로 연설을 했다. 유창한 영어실력에도 그는 늘 한국어로만 말하고 설교했다. 병든 육신을 신앙심으로 지탱하면서 순회전도를 멈추지 않았다. 순회기행문의 일부를 소개한다.

18일 새벽 3시 반에 라하이나에 도착했다. 그 선창은 아직도 완전치 못하여 종선을 타고야 내리게 되었다. 상륙하여 짐을 찾아 가지고 보니 이은구·김치연·이영옥 세 분이 파이아에서 와서 맞으신다. 가까운 곳에서라도 밤중에 나오심은 미안하겠거든 하물며 원처(먼 곳)에서 그렇게 맞아 주시니 미안하고 감사했다.

넷이 자동차를 타고 파이아에 와서 쉬고 낮에는 교우를 심방하고 밤에는 모여서 예배할 새 다수가 모여서 자못 성황을 이루었으며 특히 성찬과 아동 22명에게 세례를 베풀었다. 이 교회는 수년째 담임목사가 없어서 교회가 매우 부진하는 형편이나 여러분의 열정으로 양재구 씨를 부사로 택하여 서로 협조하여 옴으로 별 탈 없이 지내오며 근일 소식을 들으면 청년회도 조직하여 차차 발전되는 형편이라 하니 감사할 바이다.

22일 아침 8시 반에 배는 다시 떠났던 곳에 대었다. 몇 분이 선창에 나와 맞아서 자동차를 타고 예배당으로 갔다가 오후에 집에 왔다. 이것으로써 순회는 무사히 마치고 왔으니 하나님께 감사한다.[65]

(현대문 정리)

박동완의 이 같은 헌신이 바탕이 되어 와히아와 교회 출신 중에 의사와 변호사, 판사가 많이 배출되고, 하와이 주 대법원장까지 나왔다.

65 《한인기독교보》 제1권 제2호, 1934년 10월 1일.

3개월 고국방문, 각지에서 연설

3·1혁명에 이어 신간회운동 등 국내의 민족운동에 앞장섰던 그는 해외 한인의 민족교육운동의 일환으로 하와이에서 활동하다 1931년 6월 4일 하와이학생 모국방문단을 이끌고 잠시 귀국했다. 망명한 지 3년여 만이다.

두고 온 가족이 보고 싶고, 병세가 깊어져서 쉬고 싶고, 더불어 고국산천과 동포·동지들과 만나고 싶었다. 이런 속내와는 상관없이 오랜만에 만난 동지들은 여기저기서 그를 불러냈다. 강연 요청이었다. YMCA(조선기독교청년회)에서「재류 재국동포의 근황」이란 연재로 연설한 것을 시작으로 목요강좌와 일요강좌를 연달아 맡았다. 주제는「재국조선인의 신앙생활」등이었다.

국내에서 출석했던 정동교회의 일요강좌도 했는데, 주제는「인생생활의 3요소」였다. 이런 일정이 국내 신문에 빠짐없이 보도되면서 그는 더욱 바빠졌다. 자신이 주필로 일했던《기독신보》에는 1931년 6월 17일부터 9월 2일까지「하와이는 낙원이란다」는 제목의 글을 연재하기도 했다.

연재한 글에서는 하와이에 대해 자세히 다루고 있는데 이곳에서 활동하는 조선인 단체 등도 비교적 소상히 전했다. 연재 마무리 부문에서 한인 2세들이 우리말과 글을 모르는 것을 안타

까워하면서 동포들의 지원을 요청했다. 글에는 이런 내용도 담겼다. "조선사람의 피를 가지고 조선말을 알지 못한다면 그에 더 부끄러운 일이 어디 있으랴."

그가 떠나있던 시기 국내에서는 총독부의 폭압 속에서도 1929년 11월 3일 식민지배와 노예교육에 반대하여 광주학생운동이 일어났다. 학생운동은 일제가 서울에서 2개 연대 병력을 급파하여 학생들을 체포하는 등 강압에도 불구하고 각계로 파급되었으며 '일본제국주의 타도' 등을 주장하며 동맹휴학과 시위를 계속했다.

박동완이 귀국한 시기인 1931년 7월 만보산사건이 일어났다. 일제강점기 많은 농민들이 식민정책과 가난을 벗어나고자 만주로 건너갔다. 많은 농민이 만주에 정착함에 따라 중국 농민과 갈등이 생겨났다. 중국 농민들은 '일본 국민'인 한국인들을 일본의 앞잡이로 생각하고 증오하는 경우도 있었다.

길림성 만보산에서 한국 농민이 황무지를 개간하기 위해 수로 공사를 시작하자, 400여 명의 중국인이 농기구를 들고 몰려와 한인 농민을 몰아내고 수로를 덮어 버렸다. 7월 2일 장춘의 일본 영사관이 제국신민(한국인) 보호라는 명분으로 경찰을 출동시키자, 중국 측도 경찰을 출동시켜 양국 경찰이 충돌함으로써 만보산사건이 발생했다.

일본은 사상자가 없었는데도 이 사건을 만주 침략의 구실로 삼기 위해 대대적으로 선전했다. 이러한 모략 선전이 국내에 그대로 전해지면서 한국인의 민족 감정이 격앙되어 전국에서 중국인 습격사건이 일어나 100여 명의 중국인이 사망하고 몇 백 명이 부상을 당했다. 사태가 심각해지자 각 사회단체는 중국인 습격을 중지할 것을 호소했다.

사회 일각에서는 엉뚱하게 박동완의 연관설을 제기했다. 그가 재만농포옹호동맹을 이끌었던 전력 때문이었을 것이지만 생뚱맞은 억측이었다. 그는 기독교 목사로서 사해동포 정신에 충실할 뿐 모해나 계략과는 거리가 멀었다. 그는 3개월 정도 국내에서 머물다 다시 하와이로 돌아왔다. 국내의 사정이 갈수록 암담하고 어느 것 하나 어렵지 않은 일이 없었지만, 하와이에 벌여 놓은 사업도 그만큼 중요하다고 믿고 다시 못 올지도 모르는 조국을 떠났다.

11.

마지막 헌신

一
연々히 픠여 샹밧던
봄은뜻도 가는비 부눈동풍
소졍업시 부되처 니르닛가
불과 열둘다 못되여
분々히 쩌러 젓고나
붓지 말아

二
솔 노문의 영화 로도
돌에뛴 빈압뜻만 못홍엇고
끌니앗의 주량홍던 용밍도
다윗의 문미돌 흐나로
쳐이긔여 멀힛노다
주군 말아

三
부유궃흔 인성 으로
이세샹을 한봉쇽에 보내여
쓴구름과 흐로눈 믈굿혼
세소에 춤깁히 쉬후야
써지못흐는 인성 돌아
독막 흐다

四
깁은 구름이 아모리
놉운히빗슬 가리운 자라도
팡웅이 니러나 밍렬히 불면
깁운구룸 쏫겨 가고
놉운히빗 다시 온다

五
육정이 비록 닁춘윤
우휴홍야 깨뜸개 흐지나도
성신이 밤々지 깁운샤
무음을 씨쳐 깨케ᄒ면
타심 맘아

교민통합을 위한 거듭된 노력

박동완은 야만이 지배하던 시대에 한국과 미국 땅에서 자신의 정체성을 지키며 경계인으로 살아야 하는 양서류의 운명이었다. 민족대표의 역사의식과 도덕적인 순수성을 유지하면서, 세상의 한구석이라도 정화시키고자 하는 기독교적인 소명의식으로 살았다. 그래서 하던 일과 새로운 일을 계속(시작)했다. 그는 넉넉한 인품과 담백하고 정갈한 심성으로 하와이 동포들을 한데 묶는 일에 앞장섰다.

국민회와 동지회로 갈린 교민단체의 고질적인 반목을 수습하고 화목을 위해 노력했다. 그 결과 1938년에 있었던 제28주년 국치기념일 행사를 두 단체가 연대하여 개최토록 하고 박동완은 연설을 통해 화합을 역설했다. 현지 한인신문의 보도다.

국민회와 동지회와 일반의 연합으로 제28주년 국치기념일로 8월 28일 하오 2시에 선교기념관에서 기념식을 거행하니, 일반 동포께서는 모두와 참여하기를 바랍니다. 하늘에 사무치는 망국의 원한을 품은 우리는 한번 한 자리에 모여서 울어도 같이 울고 빌어도 같이 빕시다. 천운이 순환하고 인사가 변천하여 광복의 좋은 기회가 왔으니, 이 기회에 그 일을 경영하는 우리는 한자리에 모여서 정신을 집중하고 계획을 협정합시다.

백사를 제하고 부디 참석들 하십시오. 모이는 것이 일반 일의 발념입니다. 또한 이 기념식 시에 활동사진을 찍겠으니, 일반 부인들과 새 각시들은 할 수 있으면 한국 복색을 차리고 오고 다들 시간 전에 와서 밖에서 떼를 지어 집회실 내로 들어가면 좋겠습니다.

　　민국 20년 8월 27일 동지회중앙부장 김이제 / 국민회총회장 조병오 동포 첨존.[66]

이 기사에는 국치기념 순서와 함께 첫 연설자로 박동완이 적혀 있다. 그는 국민회와 동지회가 연대하여 준비한 국치절기념 행사의 첫 연설자가 될 만큼 존경과 화합의 상징인물이 되었다. 기사에서도 보이듯이 당시 하와이 한인사회는 임시정부의 연호인 '민국 20년'이라 기술했다.

그는 망명하기 이전에 국내에서 이미 세례받은 목사의 신분이었다. 그런데 1934년 1월 14일 호놀룰루에 있는 호항한인기독교회에서 독특한 감리교회법에 의해 다시 목사안수를 받았다.

이미 한국에서부터 목사가 되어(《동아일보》 1928년 8월 27일) 와히아와 교회의 초대 담임목사로 부임한 뒤 6년이나 시무한 상

66　《국민보》, 1938년 8월 31일.

황이었는데도 다시 목사안수를 받게 된 것은 감리교회의 강례 때문이었다. 당시, 감리교는 특이하게도 두 번의 목사 안수, 즉 집사목사와 장로목사 안수를 각각 받게 되어 있었는데 평균적으로 집사목사 안수를 받고 시무한 지 4~6년이 지난 후에 다시 장로목사 안수를 받았다. 박동완이 담임으로 있던 와히아와교회는 호항한인기독교회의 지교회로 독립자금 및 민족주체성을 명분으로 독립교회의 성격을 띠고 한인감리교회에서 분리되어 나왔지만, 교회의 행정제도 및 교리는 여전히 감리교회 것을 따랐다. 교인들 또한 스스로를 감리교인으로 인식하고 있었다. 따라서 박동완은 감리교회법에 의해 한국에서 집사목사 안수를 받은 것으로 여겨지며, 결국 하와이에서 다시 장로목사 안수를 받게 된 것이다.[67]

박동완이 새삼 장로목사 안수를 받게 된 것은 국민회와 동지회 두 단체로 쪼개진 동포사회를 화목시키기 위한 조처로도 작용했을 것 같다. 국제정세가 변하고 있어서 조국광복이 멀지 않다고 내다보면서, 해외의 동포끼리 힘을 모아야 한다는 신념이었다.

박동완이 동지회와 국민회 간의 연합에 깊이 관여했던 만큼

67　박재상 · 임미선, 앞의 책, 71쪽.

그는 동지회에서도 상당한 영향력을 발휘할 수 있는 회장의 자리에 올라 있었다. 그는 동지회 중앙부장 김리제 씨의 사면 청원서의 수리 여부를 묻는 질문을 동지회 각 지방 대표들을 대상으로 《태평양주보》에 공문으로 발송했다. 동지회의 연례대표회 대표회장으로서 박동완은 1939년 10월 16일에 연례회의를 주관했다.

박동완은 하와이 한인교포들의 화합과 연합을 위해 끊임없이 노력했다. 또한 한인을 대상으로 한인협회를 조직하는 데 앞장섰으며 이를 정치기관으로 삼아 상해 임시정부를 위해 힘을 집중시킬 것을 강조했다. 그는 한시도 민족의 해방과 조국의 독립을 마음속에서 놓은 적이 없었다. 또한 그의 생각은 동포의 연합에 있었다. 정의에 기반한 사랑과 화합만이 그의 주된 관심사였으며 그가 평생을 추구해 왔던 민족주의적 기독교정신이었다.[68]

68 박재상 · 임미선, 앞의 책, 176~177쪽.

월간 '한인기독교보' 발행

박동완은 언론 · 기독교 · 독립운동이 마치 세발솥과 같이 정립鼎立 된 인격체라 하겠다. 어느 것 하나도 소홀히 할 수 없는 기둥이고 버릴 수 없는 과제였다. 그는 다시 언론인으로 돌아왔다. 49세인 1934년 7월 1일《한인기독교보》를 월간으로 발행했다. 목회일과 겸직이었다.

민찬호 목사가 1906년 하와이에서 발행하다 정간돼 있었던 것을 복간형식으로 발행한 것이지만, 절필 10여 년 만에 다시 붓을 들고 언론의 현장에 나섰다. 비록 국판 32쪽의 초라한 월간지이지만 그에게는 소중한 지면이었다. 창간호의 목차이다.

발간의 말

【축사】

축 기독교회발간 / 이승만 박사

하와이 한인기독교회보의 발간을 축함 / 민찬호 목사

축 교회보 속간 / 힐로기독교회 직원 일동

축 기독교회보 속간 / 이종관 목사

발행·편집의 책임을 맡은 박동완은 '발간의 말'에서 잡지창간의 의도를 밝혔다.

△ 현대는 어떠한 시대인가. 나라와 나라 사이의 관계라든지 자기 나라 안의 사정이라든지 사회와 가정의 형편이라든지 개인생활에 이르기까지 모든 것이 너무 복잡하고 갈래가 많아서 얼른 보면 흐트러진 실과 같아서 어찌할 줄을 모른다. 이것을 구원해내는 것이 당연한 큰일이겠다.

△ 그런 것을 구원해 내려면 그리스도의 진리를 철저하게 이해시키며 확실하게 믿게 하며 또한 현시대의 각 방면에 대한 식견과 열정을 가지도록 교양과 훈련을 시키지 아니하면 아니될 것이다. 우리 교회에서 교회보를 발행함은 이 시대 사람의 마음에 공헌하는 바가 있기를 기도하며 또한 그리스도교의 진리가 최후 승리일 것을 의심치 않고 믿는 고로 이제 움직이고자 하는 바이다…[69]

이로 보면 현대 혼란과 무질서를 기독교의 진리로 해결하고 구원하자는 목적으로 발간한다는 것이다. 본지는 해외에서 발행

---

69 윤춘병, 앞의 책, 223~224쪽.

한 것이므로 종간을 알 수 없다. 다만 1940년 11월 20일 발행한 본지를 조선총독부 당국이 치안에 방해가 된다 하여 같은 해 12월 21일 발행금지 행정처분을 내리고 있는 것을 보면 1945년 해방이 될 때까지 계속하지 않았을까 추측할 따름이다.[70]

---

70 앞과 같음.

12.

마지막 불꽃 그리고 서거

마지막 열정 '한인기독교보'

그는 《한인기독교보》에 무척 정성을 쏟았다. 그리고 10년 만에 다시 글을 쓰게 된 일에 감사했다. 창간호의 「편집 뒤의 말」에 그 마음이 오롯이 담겨 있다.

꼭 10년 만에 다시 글을 쓰려고 붓대를 잡으니 이런 생각 저런 소감이 교차하여 다투어 와서 한꺼번에 쓰고 싶더니 결국 이것도 저것도 다 못 쓰고 또는 문장도 껄끄럽고 말도 거칩니다. 그러나 쓴 배도 맛들일 탓이라는 말과 같이 독자 여러분에게 맡길 수밖에 없습니다.[71]

그의 정신은 어디서 무슨 일을 하든 지성일관이었다. 다시 글을 쓰고 동포들의 단합을 기도하면서 마음의 한 가닥은 중국에 있는 임시정부에 닿아 있었다.

박동완은 1930년 하와이 한인협회 창립 시 50인의 발기인 중 1인으로 참여하여 "하와이 한인에 정치기관을 세우고 독립운동을 위하여 우리의 힘을 상해 임시정부로 집중하자"라는 모임

---

[71] 《한인기독교보》제1권 제1호.

의 취지를 설명했다. 그리고 "인심을 임시정부로 집중시키는 것이 곧 독립의 정신이며 민족통일의 경로"라고 독립운동의 방향을 말하는 등 하와이 교포들 중 핵심급의 독립운동 멤버로 활약했다. 그는 국내에서와 마찬가지로 하와이에서도 목회에 열정을 쏟으며 한편으로는 독립운동에 관여했다.[72]

그는 기독인으로서 사람의 생명을 무엇보다 소중히 여겼다. 다음은 자신의 잡지에 낸 글이다.

우리 조선사람은 개인적으로든지 민족적으로든지 이 사망을 이기고 일어나신 예수 그리스도의 생명의 힘이 아니고는 도저히 우리를 구원할 힘이 있지 않다. 사람마다 나라마다 국가의 힘 정치의 힘 경제의 힘, 이 힘만을 부러워하고 꾀하면서 의지하며 쏠려간다.

모두 그러하다. 육체에 있어서는 절대로 필요성을 띤 것이다. 그럴지라도 이 힘이 육체의 생활은 보장할 수 있으되 영혼의 생명을 개척 발전시키는 데는 추호의 가치가 없다. 그러나 이 영혼의 생명의 힘은 육체적 힘까지라도 보장할 수 있다. 이스라엘 민족이 하나님의 힘을 의지할 때에는 강대하고 번영했으나 그 힘을 떠나 다른 데서 무슨 힘을 얻고자 할 때에는 쇠망하여 남의 종이 되고 말았음

---

72 임미선, 박사학위논문, 136쪽.

은 역사가 증명하는 확실한 사실이다.[73]

박동완의 몸은 이미 많이 쇠약해졌다. 병마는 쉼 없이 일하는 그의 육신을 쉬지 않고 갉아들었다. 그리고 신상에 변화가 있었다.

두 단체 간의 통합을 위해 의욕적으로 활동하던 그는 1940년에 문득 카우아이[Kauai] 미 감리교 목사로 자리를 옮겼다.(《태평양주보》1940년 4월 13일). 와히아와교회에서 10년 넘게 담임목사로 사역한 그가 어떠한 연유로 카우아이 미 감리교회로 전출을 결정했는지는 정확히 알 수 없다.

와히아와교회 교인들은 초대 담임목사와의 작별을 아쉬워하며 금시계를 비롯하여 각종 기념품을 전달하고 송별식을 열어주었다. 그렇게 새 교회로 부임한 그는 석 달이 채 되지 않아 병원에 입원했다가(《태평양주보》1940년 6월 29일) 두 달 만에 퇴원했다(《태평양주보》1940년 8월 31일).

퇴원 후 그는 다시금 하와이 한인교포의 각 단체 연합의 임시대표회에서 위원장을 맡아 활동했다. 각 단체 연합회 임시대표회는 기독교, 천주교, 불교, 천도교를 총망라한 초교파 단체였

---

73 「생명은 힘이다」,《한인기독교보》, 1935년 4월호.

다. 독립단을 비롯하여 오래도록 갈등 관계에 놓여 있던 국민회와 동지회의 양 단체까지 아우를 만큼 그 폭이 넓었다.[74]

1941년 55세로 소천하다

박동완이 하와이에서 잡지를 발행하고 교민사회의 화합을 위해 마지막 불꽃을 태우고 있을 즈음 국내에서는 일제가 마지막 발악을 토해내고 있었다. 1937년 6월 그동안 묵인해왔던 온건하고 타협적인 흥사단 계열의 실력양성단체이던 수양동우회 관계자 181명을 치안유지법 위반혐의로 검거하고 그중 42명을 재판에 회부했다.

조사 중에 고문으로 최윤세·이기윤이 옥사하고 김성업은 불구가 되었다. 일제는 재판에 회부한 사람들을 1941년 11월 전원 무죄로 석방했다. 그러나 그때까지 어느 정도 민족주의적 색채를 유지하고 있던 인사들을 회유·협박하여 전향서를 쓰게 하고, 친일단체에 가입시켜 공개적으로 친일활동을 하도록 만들었다. 박동완과 민족운동을 함께했던 인사들 중에도 전향자가 적

---

74 임미선, 앞의 논문, 55쪽.

지 않았다.

일제는 같은 해 10월 이른바 「황국신민서사」를 제정하여 학교뿐만 아니라 관공서·은행·회사·공장·상점을 비롯한 모든 직장의 조회와 집회 의식에서 낭송토록 강요했다. 1938년 2월에는 조선육군특별지원병령을 공포하여 중일전쟁 발발 이후 조선의 청소년들을 전쟁터의 총알받이로 끌어갔다. 비슷한 시기 흥업구락부사건이 발생했다.

박동완도 깊이 참여했던 흥업구락부는 1938년 3월부터 5월에 걸쳐 회원 100여 명이 치안유지법 위반혐의로 구속되고 그중 54명은 전향성명서를 발표, 친일활동에 나섰다.

박동완은 필연코 미구에 이런 날이 오리라 예측하면서 하와이에 망명길을 택했을 것이다. 그래서 더욱 하와이에서 흥업구락부사건 소식을 접하면서 가슴이 찢기는 아픔을 겪어야 했다. 이 같은 고국의 불행한 사건들은 그의 병세를 더욱 악화시키는데 작용했다. 일제의 만행은 국내에서 계속되었다. 국민정신총동원 조선연맹창립(1938. 7), 국민징용령(1939. 10), 창씨개명령(1940. 2.) 등 한민족의 말살책이 거침없이 감행되었다.

박동완은 1941년 2월 23일 눈을 감았다. 일제가 하와이 진주만을 기습공격하기 열 달쯤 전이다. 그동안 《신한민보》·《태평양주보》등 현지 한인신문이 그의 병환 소식을 보도했지만 그렇게 빨리 소천할 줄은 아무도 몰랐다. 망명한 지 13년이 지났지만 하와이에는 자기 몫의 집 한 칸이 없었고, 임종을 지키는 가족조차 없었다.

장례는 3월 1일 3·1절기념준비위원회 주도로 이루어져, 교민 700여 명이 참석한 가운데 사회장으로 치러졌다. 《신한민보》에 따르면 하와이 교민사회 전체가 진심으로 그의 죽음을 애도했다. 또한 《태평양주보》는 2주에 걸쳐 교민들의 추모기사를 실었다. 교민들은 독립선언서에 서명한 사실을 들어 '민족적 정신상'으로 삼았으며 고인의 철저한 애국심을 높이 평가했다고 보도했다.

당시 하와이 교민들의 삶은 여유 있는 편이 못되었다. 그런데도 남은 장례비용과 모아두었던 돈을 합해 본국에 있던 박동완의 유족에게 보내주었다(《태평양주보》, 1941년 7월 5일). 이러한 사실은 박동완이 하와이 교민들에게 신망이 높았음을 깨닫게 해 준다. 그는 자신의 건강을 돌보지 않은 채 이역만리 하와이에서 마지막 순간까지도 조국의 독립과 한인교민들의 화합을 위해 전심으로 노력하다 죽음을 맞이했다. 사망 당시 그의 나이는 만 55세로, 아쉽게도 광복을 4년 앞둔 시점이었다.

한 달이 넘는 항해 끝에 1941년 4월 우편물 취급으로 고국에 돌아온 그의 유골은 3·1독립운동에 함께 참여한 함태영 목사의 집례로 망우리 공동묘지에 매장되었다(장규식, 2008:18). 대한민국 정부는 1962년 3·1절 경축식에서 박동완에게 건국공로훈장 대통령장을 수여했다. 그 뒤 1966년 6월, 그의 유해는 서울시 동작동에 위치한 국립현충원 애국지사 묘역으로 이장되었다.[75]

그의 생애는 불교용어인 '처염상정處染常淨' 그대로였다. 세속에 발붙이고 살면서도 청정함을 잃지 않았다. 평범 속에서도 비범한 결기를 보였고, 초지일관·지성일관의 자세로 불의와는 비타협의 원칙을 세우고 실천했다.

그는 3·1혁명의 공화주의와 국제주의 정신을 실행함으로써 동류들보다 한 발 앞서갔다. 선각의 횃불을 들었다가 추하게 빛바래지는 군상에 비해 그는 많이 달랐다. 종시일관 소박한 삶을 통해 주권 잃은 나라의 설움과 동포의 비애를 다독이며 그들과 함께했다. 그의 소천 소식은 현지는 물론 고국의 많은 이들에게 슬픔을 넘어 마음을 저리게 했을 것이다.

75 임미선, 앞의 논문, 59쪽.

덧붙이는 말

一
연수히 픠여 샹밧던
붉은쏫도 가는비 부는동문
수정업시 부되처 나릭닛가
불과 열흘다 못되여
분수히 써러 젓고나
붓지 말아

二
솔노문의 영화 로도
끌나앗의 주당승던 용잉도
돌에핀 민압쏫만 못승엇고
다윗의 문미돌 하나로
쳐이거여 멀횟노다
주군 말아

三
부유것혼 인싱 으로
이세상을 한봉속에 보내여
쓴구름과 흐로난 물곳혼
세소에 춤김히 쉬흥야
섯지못는 인싱 둘아
쑥먹 승다

四
김은 구룸이 아모리
붉은희빗슬 가리운 지라도
쌍몽이 너리나 밍멸히 불면
김운구룸 쏫기 가고
붉은희빗 다시 온다

五
뉵졍이 비록 닝흥융
유혹흥야 쎄몸게 승지나노
성션이 망죽지 민슴사
밍습을 씨셔 깅케흥년

무궁화 아호로 상징되는 민족혼

근곡 박동완 선생이 긴 세월 기름진 곳, 양지쪽에 곁눈 팔지 않고, 무사안일도 취하지 않고, 지성일관·초지일관의 삶을 살아갈 수 있었던 정신의 고갱이는 무엇일까? 질풍노도의 시대에 평생을 자신의 정체성을 지키며 고결하게 살 수 있었던 그 원형질은 무엇이었을까?

일제강점기 민족주의자들의 삶은 고달프고 험난했다. 기독교 전도사의 위치에서 민족대표 33인의 반열에 오르고, 이후 각급 민족운동에 적극 참여했으며, 언론인으로 활발하게 활동하다가 망명객이 된 그의 삶은 험난하고 고달팠다. 그 속에서도 그의 생애는 평범하지만 비범한 행보를 보여 왔다.

무엇보다 '민족대표 33인'의 위상은 동포와 일제로부터 2중의 압박을 받아야 하는 자리였다. 동포들은 일제의 압제가 심해질수록 33인을 독립의 구심으로 삼아 기대심리가 높았던 반면, 총독부는 촉각을 곤두세우면서 그들의 일거수일투족을 감시했다. 협박과 회유도 많았을 터이다. 그만큼 어려움이 따랐으나 박동완은 모든 곤경을 극복했다.

그의 아호는 근곡槿谷이다. '무궁화동산'은 곧 조선의 상징어다. 이름은 부모가 지어주거나 작명가의 작품이지만, 아호는 대부분 자신이 짓는다. 따라서 본명보다 아호에서 더욱 그 인물의 정체성이 묻어난다. 백범^{白凡} · 심산^{心山} · 단재^{丹齋} · 예관^{睨觀} 등에 담긴 의미가 답이 될 것이다.

박동완 선생은 1915년 당시 국내 유일의 민족지《기독신보》의 주필이자 편집인으로서 근곡을 비롯해 근생^{槿生} · 근^槿 · 근곡생^{槿谷生} 등의 필명으로 다양한 글을 썼다. 그가 사용한 필명은 하나같이 무궁화를 상징한다. 이외에도 ㅂㄷㅇ생, ㅂ생, ㅂㄷㅇ 등의 필명도 사용했시만 주요 작품에는 '무궁화 근'의 아호를 적었다. 그가 "삼천리 방방곡곡 무궁화"를 뜻하는 '무궁화 근^槿' 자를 아호로 삼고, 공공연히 글을 쓴 데는 나름의 역사인식 즉 나라사랑 정신이 깔려 있다. 무궁화가 '나라 꽃'으로 자리매김하게 된 것은 구한말 개화기다. 1904년 영국군함이 제물포에 입항하면서 조선의 국가를 연주하겠다는 의사에 고종이 분부를 내려 국가를 지었다.

이때 애국가 후렴가에 "무궁화 삼천리 화려강산"이라는 구절이 들어가면서 무궁화는 국화로 자리매김하기에 이르고, 1907년『찬미가집』에 실리면서 민중들 사이에 널리 불리었다. 이런 연유에서 그는 무궁화를 민족혼의 상징이자 자신의 정신적 준거로 인식했던 것이다.

1910년 무궁화는 일제의 조선병탄에 항거하여 자결한 매천

황현의 「절명시」가 전해지면서 국민의 마음속에 더욱 뜨겁게 자리 잡게 되었다.

> 새와 짐승도 슬퍼서 울고 강산도 슬퍼하는데
> 무궁화 삼천리는 물에 잠겼도다.
> 가을밤 등잔 아래 책을 덮고 천고(千古)의 일을 생각하니
> 인간으로서 글 아는 사람 되기 참으로 어렵구나.[76]

매천은 망국의 국치를 "무궁화 삼천리는 물에 잠겼다"라고 비유했다. 이처럼 한말 개화지식인들이 무궁화를 국화로 인식하면서 각종 시문을 지었다. 역설적이지만 일제가 무궁화를 어떻게 인식했는지를 살펴보면, 무궁화에 관한 한국인의 정서를 이해하게 된다. 「총독부 고등경찰 사전」에 실린 내용이다.

무궁화는 조선의 대표적 꽃으로서 2천여 년 전 중국에서도 인정된 문헌이 있다. 고려조 시대에는 온 국민으로부터 열광적인 사랑을 받았으며, 문학상·의학상에 진중(珍重)한 대우를 받았는데, 일본의 사꾸라, 영국의 장미처럼 국화로 되어 있다가 조선조(朝鮮朝)에 들어

76　김삼웅, 『매천 황현 평전』, 324쪽, 채륜, 2019.

서서 이화(李花)가 왕실화로 되면서 무궁화는 점차로 세력을 잃고 조선민족으로부터 차차 소원해진 것이다.

20세기의 신문명이 조선에 들어오면서부터 유지들은 민족 사상의 고취와 국민정신의 통일 진작을 위하여, 글과 말로, 천자만홍(千紫萬紅)의 모든 꽃은 화무십일홍(花無十日紅)으로 그 수명이 잠깐이지만, 무궁화만은 여름에서 가을에 걸쳐서 3~4개월을 연속 필 뿐 아니라 그 고결함은 위인(偉人)의 풍모라고 찬미하고 있는 것이다.

따라서 '무궁화 강산' 운운하는 것은 자존(自尊)된 조선의 별칭인데, 대정(大正) 8년 기미운동(3·1운동을 말함) 이래 일반에게 널리 호용(呼用) 되었으며, 주로 불온(不穩)의 뜻이 들어 있는 것이다. 근화(槿花), 무궁화, 근역(槿域) 등은 모두 불온한 문구로 쓰고 있는 것이다.[77]

박동완 선생은 무궁화를 아호로 삼아 우국정성의 글을 쓰고 민족대표 33인으로 구속되었다. 만기 석방되어서도 달라지지 않았다. 한서 남궁억은 1912년 배화학당 교사 시절 조선 13도를 무궁화로 수놓은 자수본을 고안하여 무궁화 보급운동을 시작했다. "한반도를 우리나라의 13도를 상징하는 무궁화 13송이와 백두대간을 상징하는 무궁화 가지로 수놓은 것이다. 울릉도와

77 류달영·염도의, 『나라꽃 무궁화』, 74~75쪽, 학원사, 1987.

제주도는 무궁화 꽃잎으로 수놓아 표시했다. 남궁억은 가사시간에도 학생들을 가르쳤는데, 이는 국권을 회복하고 독립하는 길이 생활 속의 작은 실천에서부터 이뤄진다고 믿었기 때문이다.[78]

근곡 박동완과 한서 남궁억의 뜻이 다르지 않았다. 근곡이 보다 사상적이었다면 한서는 보다 실천적이었다.

지언행합일(知言行合一)의 실천적 삶의 궤적

그의 동포 사랑의 정신은 심도가 매우 높았다. 「내가 사랑하고 싶은 조선 것」이란 글에는 "특히 애정이 풍부"란 부제가 달려 있다.

우리 조선사람처럼 진실한 사랑심이 많은 사람은 못 보았습니다. 예를 들어 말씀하자면 교회에서 무슨 구제사업을 하자고 발기하면 발기할 때는 조선사람이나 중국 사람이나 서양 사람이나 다 같이 찬동하고 발기합니다.

그러나 실제로 금전을 내는 것을 보면 외국 사람들은 대개가 자기의 이해타산을 먼저 하는데 우리 조선사람은 아무 이해타산이 없

---

78 이순자, 『남궁억』, 96~97쪽, 독립기념관, 1912.

이 그 적나라하게 한 푼이 있으면 한 푼을 내고 두 푼이 있으면 두 푼을 내며 자기의 힘이 있는 데까지 성력을 다하려 하며 또 서양 사람의 선교사나 기타 교회에 유공자가 오면 우리 조선사람은 성심성의로 그들을 환영하고 또 기념품 같은 것도 잘하여 줍니다.

그러나 그러한 사람들이 중국이나 일본을 가거나 또 조선사람이 교회유력자가 서양이나 기타 외국을 가면 그곳 교회에서도 물론 환영이야 하지만 우리 조선사람들이 그들에게 대하듯이 그다지 따뜻하지도 못하고 또 기념품 같은 것은 문제도 없습니다.

그러면 우리 조선사람들이 무슨 의뢰적 사상이 있어서 그러하거나 또는 배외적(拜外的) 사상이 있어서 그러냐 하면 결코 그런 것이 아니라 순연한 인류애라는 그것을 잘 발휘하는 그 까닭입니다. 여러 가지의 예를 들지 않고도 조선사람의 애심이 많다는 것은 짐작할 수 있습니다. 조선사람인 나뿐이 아니라 조선을 다녀간 외국 사람에게 그러한 말을 들었습니다.[79]

그는 조국과 동포들을 사랑했기에 한말의 유력인사와 황족과 대신들이 '독립청원'이면 몰라도 '독립선언'에는 참여하지 않겠다던 살벌한 무단통치 시국에 자발적으로 '독립선언'에 참여

---

79 《별건곤》, 1928년 5월 1일.

하고, 생과 사의 갈림길이 되는 재판에서도 검사에게 "금후에도 독립운동을 하겠다"고 당당하게 말했다.

그는 33인 민족대표로 참여한 이래 절대독립론에서 한 발짝도 양보하거나 타협하지 않았다. 1919년 3월 18일 서대문감옥에서 주고받은 일인 검사에 대한 답변을 그대로 실천했다.

문 피고는 조선독립이 꼭 될 줄로 생각하는가.

답 그렇다. 일본과 열국들이 허락할 줄로 생각하고 있다.

문 금후도 또 독립운동을 할 것인가.

답 물론 그렇다.

다음은 《동아일보》 1920년 9월 24일자 기사인 「제3일 오후의 기록 독립선언사건의 공소공판」의 일부이다.

문 일한합병에 대한 감상과 조선독립에 대한 감상은

답 그것은 합병에 반대라고 하기 전에 먼저 조선민족의 자존(自存) 자립(自立)의 정신으로써 그를 대하게 되었고 조선독립에는 언제든지 기회와 동기가 있으면 민족적 운동을 하고자 하였소.

민족대표 중에는 변절한 사람이 있다. 일부에서는 이들의 훼절을 두고 민족대표 33인을 싸잡아 비난하기도 하지만, 박동완 지사를 포함하여 다수는 끝까지 민족적 양심과 지절을 지켜냈다. 변절자는 어느 시대, 어느 조직에서도 있었다. 예수의 12제자 중에서도, 안중근 의사의 단지동맹에서도, 김원봉 선생의 조선의열단에서도, 손문이 주도한 중국 신해혁명의 동지 중에서도 변절자는 있었다.

근곡 선생은 내단히 사려 깊고 항상 공적인 책임감을 갖고 살았다. 파란이 많았던 삶의 궤적을 살펴볼 때 한 번도 자신의 길에서 뒷걸음치거나 옆길로 새나가지 않았다. 야만의 시대에 여간해서 그리 살기란 쉽지 않았음은 동시대 한국의 지성사와 종교인인명록이 보여준다.

(그는) 신앙·사상·언론과 실행이 일치되도록 항상 애쓰고 노력하는 사람이었다. 그렇기에 그는 초지일관, 비타협 원칙의 삶을 살았다. 변함없이 일생을 치열하게 살았다. 열심히 신앙하고, 사유하고, 말하고, 행하는 삶을 살았다. 지언행합일知言行合一을 몸소 실천했다.[80]

---

80 박재상·임미선, 앞의 책, 214쪽.

근곡(槿谷) 박동완(朴東完) 연보

1885. 12. 27	경기도 포천에서 출생(함양박씨 양반관료 가문)
1894년 이전	서울로 이주
1903~1905	관립한성외국어학교 영어과에서 수학
1906	대한제국 농상공부 기수(6품)에 임용(최초의 직장)
1907	배재학당 고등부 입학
1907~1908	기독교 신앙을 받아들인 것으로 추정됨
1908	존스(조원시) 목사 집례로 정동제일교회에서 세례 받음
1909. 10(또는 1910. 10.)	
	배재학당 대학부 입학(1912년 대학부 폐쇄)
1913년경	보성전문학교(고려대학교 전신) 법률학과 입학(1~2년 수학)
1915	감리교 정동제일교회 본처전도사(Local Preacher)

1915	한글로 발행된 당시 유일의 민족언론《기독신보》편집인 및 주필
1919	기미 3·1혁명 민족대표 33인 중 1인으로서 자발적으로 참여(이필주 담임목사와 함께 2년여 옥고를 치름)
1923	조선중앙기독교청년회(YMCA) 소년부 위원장
1923	국내 최초로 여름성경학교 개최(정동제일교회 기록상 최초의 주일학교장)
1924	국내 유일의 민족자본 창문사의 잡지《신생명》주간
1924	조선민립대학 설립기성회 이사
1925. 3.	흥업구락부(비밀결사 조직) 창립 멤버
1925. 4. 3.	《신생명》폐간 이후 10년간 절필
1927.	신간회 본부 발기인 및 상임 총무간사 주요 지회(개성, 광주, 평양) 설립 시 본부 대표 경성지회 정기대회 임시집행부 부의장 및 전형위원
1928	재만동포옹호동맹 중앙상무집행위원(윤치호와 함께)
1928	동(同) 동맹 조사위원으로 만주 시찰
1928	미국 하와이 와히아와 한인기독교회(K.C.C. 한인감리교 독립교단) 초대 담임목사 부임 / 민족의식 고취를 위한 교회 부설 한글학교 운영
1929	오하우 섬에서 제일 큰 한글학교로 발전시킴

1930	하와이 한인협회 창립 발기인
1934	《한인기독교보》편집인 겸 발행인/장로목사 안수
1935	하와이 한인기독교회 중앙이사국장
1938	하와이 한인기독교회 선교부 제1 부이사장(선교부장 이승만)
1938	제28주년 경술국치 국민회와 동지회 합동기념식 주(主) 연사
1939	동지회 대표회장
1940	카우아이 미 감리교회로 전출
1941. 2.	각 단체 연합 임시대표회 위원장으로 하와이 한인사회의 화합을 위해 활동
1941. 2. 23	미국 하와이에서 소천
1941. 4.	망우리 공동묘지에 안장
1962. 3. 1	건국공로훈장 대통령장을 받음
1966. 6.	국립 서울 현충원 애국지사 묘역에 이장

박동완 평전
-무궁화 피는 동산의 민족혼을 찾아서

발행일 2022년 8월 15일
지은이 김삼웅
펴낸이 천정한
편 집 김선우
디자인 유혜현
펴낸곳 도서출판 정한책방
출판등록 2019년 4월 10일 제2019-000036호
주 소 서울시 은평구 은평로3길 34-2
        충북 괴산군 청천면 청천10길 4
전 화 070-7724-4005 | 팩스 02-6971-8784
블로그 http://blog.naver.com/junghanbooks
이메일 junghanbooks@naver.com
ISBN   979-11-87685-74-6   03990

이 책은 사단법인 민족대표33인 근곡 박동완 기념사업회의
기획과 도움으로 만들어졌습니다.